Internationale Schelling-Vorlesung an der
Akademie der Bildenden Künste München
The Schelling Lectures on the Arts and Humanities

Band 1 | Volume 1

Herausgegeben von | Edited by
María Isabel Peña Aguado

Großzügig gefördert von der Ingrid Werndl-Laue Stiftung
Generously sponsored by Ingrid Werndl-Laue Stiftung

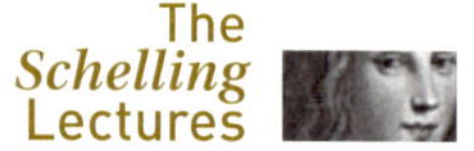

PETER BURKE

Circa 1808: Restructuring Knowledges

Um 1808: Neuordnung der Wissensarten

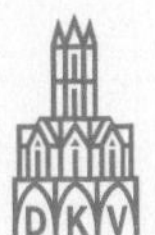

Deutscher Kunstverlag
München Berlin

Akademie der
Bildenden Künste München
2008

Umschlagabbildung Cover:
Raffael, Die Schule von Athen | The School of Athens, 1510/11,
Stanza della Segnatura, Musei Vaticani, Vatikan

Bibliografische Information der Deutschen Bibliothek
Die Deutsche Bibliothek verzeichnet diese Publikation in der Deutschen Nationalbibliografie; detaillierte bibliografische Daten sind im Internet über <http://dnb.d-nb.de> abrufbar.
Bibliographical information from the German National Library:
The German National Library has registered this publication in the German National Bibliography; detailed bibliographical data are available online at http://dnb.d-nb.de.

Projektleitung im Verlag General editor:
Rudolf Winterstein
Lektorat deutsch German reader:
Katharina Stauder
Lektorat englisch English reader:
Michele Tilgner
Übersetzung englisch-deutsch Translation English-German:
Antonia von Collas
Übersetzung deutsch-englisch Translation German-English:
Joan Clough
Umschlag, Satz und Layout Cover, type setting and layout:
krusehochzwei | Saskia Helena Kruse, Potsdam
Druck und Bindung Print and binding:
DZA Druckerei zu Altenburg GmbH, Altenburg

ISBN 978-3-422-06834-6

Content | Inhalt

The Schelling Lecture on the Arts and Humanities/ Internationale Schelling-Vorlesung 2008

MARÍA ISABEL PEÑA AGUADO

The recently established annual *Schelling Lecture on the Arts and Humanities/Internationale Schelling-Vorlesung* comes just in time for the bicentennial celebrations of the founding of the Munich Academy of Fine Arts. It is no coincidence that the lecture has been named after Schelling, since its main purpose, independent of any historical and philosophical discussion, is to commemorate the role played by Friedrich Wilhelm Joseph von Schelling in founding the Academy.

The initiative of the Chair of Philosophy and Aesthetics in establishing such a lecture stems from the conviction that the unique quality of the aesthetic experience lies in its ability to open up a space that serves both as a stage and a projection screen – a space where old and new versions and visions of reality can be played out, rehearsed or ventured into.[1] In this context, it should be emphasized that there is no need for the reality being played out here to be distilled into facts. Rather, it manifests itself in the form of emotions and impressions, meanings and contexts whose objective value in the first instance hinges on our 'sense of realness'[2] – to put it in Hannah Arendt's terms. It is this sense of reality that we use both as a yardstick and a means of orientation for the way we think and act in the world.

The Schelling Lecture on the Arts and Humanities/ Internationale Schelling-Vorlesung 2008

MARÍA ISABEL PEÑA AGUADO

Die neu etablierte *Schelling Lecture on the Arts and Humanities/Internationale Schelling-Vorlesung* tritt ihren Weg genau zum 200-jährigen Jubiläum der Gründung der Akademie der Bildenden Künste München an. Die Wahl des Namens *Schelling* für die Benennung der Vorlesung ist kein Zufall; unabhängig von historischen und philosophischen Diskussionen soll an die Rolle erinnert werden, die Friedrich Wilhelm Joseph von Schelling bei der Gründung der Akademie gespielt hat.

Die Initiative des Lehrstuhls für Philosophie/Ästhetik ist aus der Überzeugung heraus entstanden, dass die Besonderheit ästhetischer Erfahrungen darin liegt, dass sie uns einen Raum eröffnen, der als Schauplatz und Projektionsfläche dient – hier können immer wieder alte und neue Versionen und Visionen der Realität vorgespielt, erprobt oder gewagt werden.[1] Dabei sei betont, dass sich diese vorgespielte Realität nicht gleich in Tatsachen niederschlagen muss, dass sie sich vielmehr in Form von Gefühlen und Eindrücken, aber auch von Bedeutungen und Zusammenhängen manifestiert, deren objektiver Wert sich zunächst an einer »Wirklichkeitsempfindung«[2] – um mit Hannah Arendt zu sprechen – festmachen lässt. Ein Gefühl für eine Realität, an der wir sowohl unser Denken als auch das Agieren in der Welt messen und orientieren.

Pursuing this train of thought further reveals the importance to the public of – and the social responsibility that must devolve upon – a place that provides a safe environment in which practising, experimenting and giving full rein to one's imagination are a matter of course and, indeed, are guaranteed. The Munich Academy of Fine Arts is such a place. Not only does it make spaces available in which the arts may be freely practised and exhibited, it is also a place to which the external effect created by art will return, reverberating through its rooms and thus transforming them into a venue for cultural encounter and intellectual exchange.

How much aware the advocates of founding an academy were of the public aspects of their undertaking is revealed in the lecture entitled 'On the Relationship of the Fine Arts to Nature', which Schelling gave at the Royal Academy of Sciences in Munich on 12 October 1807. This lecture – later to become known as the 'Academy Speech' – contained the intellectual agenda that would ultimately inform the content of this inaugural Academy text. In that speech Schelling maintained: 'Art springs solely from the lively movement of the innermost emotional and intellectual faculties that we call enthusiasm [...]. But it is not the powers of the individual that accomplish this; only the intellect that pervades the whole. For art in particular is, like the more delicate plants from air and climate, dependent on the public mood; it needs universal enthusiasm for what is sublime and beautiful [...]. Only when public life is set in motion by the very forces through which art arises, only then can art benefit from it; for art can accomplish nothing extrinsic to it without abandoning what is noble in its nature.'[3]

Schelling's words may have somewhat of an old-fashioned ring to them nowadays, yet the ideas they convey continue to be highly relevant for the spirit of the Academy today. The *Schelling Lectures on the Arts and Humanities/*

Denkt man diese These weiter, dann zeigt sich, welche öffentliche Bedeutung, welche soziale Verantwortung einem Ort zufallen muss, der geschützte Räume bietet, in denen die Möglichkeiten des Ausübens, des Ausprobierens und Fantasierens gegeben und garantiert sind. Die Akademie der Bildenden Künste München ist ein solcher Ort. Sie stellt nicht nur die Räume zur Verfügung, in denen eine freie Ausübung und Ausstellung der Kunst gesichert wird. Sie ist auch der Ort, auf den die Außenwirkung der Kunst wie ein Widerhall zurückkommt und somit ihre Räume in Räume der kulturellen Begegnung und des geistigen Austauschs verwandelt.

Wie sehr sich die Befürworter der Akademiegründung dieser öffentlichen Dimension bewusst waren, lässt sich anhand jenes Vortrags zeigen, den Schelling unter dem Titel »Ueber das Verhältniß der bildenden Künste zu der Natur« am 12. Oktober 1807 in der Königlichen Akademie der Wissenschaften zu München gehalten hat. Dieser Vortrag – als ›Akademie-Rede‹ bekannt – enthält die geistige Programmatik, die schließlich in den Gründungstext der Akademie einfließen wird. In jener Rede behauptet Schelling: »Die Kunst entspringt nur aus der lebhaften Bewegung der innersten Gemüths- und Geisteskräfte, die wir Begeisterung nennen [...]. Aber nicht die Kraft des Einzelnen richtet es aus; nur der Geist, der sich im Ganzen verbreitet. Denn die Kunst insbesondere ist, wie die zarteren Pflanzen von Luft und Witterung, so von öffentlicher Stimmung abhängig, sie bedarf eines allgemeinen Enthusiasmus für Erhabenheit und Schönheit [...]. Nur dann, wenn das öffentliche Leben durch die nämlichen Kräfte in Bewegung gesetzt wird, durch welche die Kunst sich erhebt, nur dann kann diese von ihm Vortheil ziehen; denn sie kann sich, ohne den Adel ihrer Natur aufzugeben, nach nichts Aeußerem richten.«[3]

Auch wenn Schellings Worte heute altmodisch klingen, die Ideen, die sie vermitteln, sind für den Geist der Akademie

Internationale Schelling-Vorlesung endeavours to strengthen this spirit and ensure its continuance while further developing it. The lecture is committed to the tradition of the Academy, but at the same time seeks to introduce to a broader public the time-liness of its request. The intention is to provide a forum for the public discussions currently being conducted in philosophy, art and the cultural sciences. The lecture will be given annually in January to mark the occasion of Schelling's birthday.

The first *Schelling professor* is the internationally renowned historian and Emeritus Professor of Cultural History Peter Burke. He has been so successful in investigating the past without ever losing sight of the present that his books not only have great resonance with a specialist readership. They also attract enormous interest far beyond academic circles.

The name Peter Burke at first evokes associations with the Renaissance, so important is the contribution that he has made with his studies of that period and its cultural developments. However, anyone who delves deeper into Burke's work realizes that it cannot be reduced to the common denominator of a single time, a single subject or a single method. Burke's intellectual achievement is distinguished by such flexibility and open-mindedness, and at the same time by such a clear, systematic approach, that he invariably succeeds in showing complex contexts from many different angles. 'Showing' is meant literally here: Burke's historical 'narration' opens a window, as it were, and we are invited to lean out of that window and observe. Thus, we are given permission, at least within the scope of our imagination, to bridge historical distance by transforming ourselves – if only temporarily – into privileged spectators.

In an interview with the historian Maria Lúcia Pallares-Burke, Peter Burke has himself compared the function of the

weiterhin hochaktuell. Die *Schelling Lectures on the Arts and Humanities/Internationale Schelling-Vorlesung* möchte diesen Geist stärken und weiterführen. Sie fühlt sich der Tradition der Akademie verpflichtet, möchte aber gleichzeitig die Aktualität ihres Anliegens einer breiten Öffentlichkeit vorführen. Sie soll ein Forum für öffentliche Debatten bieten, die gegenwärtig in Philosophie, Kunst und Kulturwissenschaften geführt werden. Sie wird jeweils im Januar – zum Geburtstag Schellings – stattfinden.

Unser erster Schelling-Professor ist der international renommierte Historiker und Kulturwissenschaftler Peter Burke. Ihm ist es in seinem Werk auf herausragende Weise gelungen, die Vergangenheit mit einer solchen Aktualität zu behandeln, dass seine Bücher nicht nur ein fachliches Publikum gefunden haben, sondern auf großes Interesse jenseits akademischer Zirkel stoßen.

Der Name Peter Burke erweckt zunächst die Assoziation mit der Renaissance, so wichtig ist der Beitrag, den er mit seinen Studien über diese Zeit und ihre Kulturentwicklung geleistet hat. Wer sich aber mit dem Werk Peter Burkes intensiver beschäftigt, weiß, dass seine Arbeit sich weder auf eine Zeit noch auf ein Thema oder eine Methode reduzieren lässt. Burkes intellektuelle Arbeit zeichnet sich durch eine solche Flexibilität und Offenheit aus, zugleich durch eine solche Klarheit und Systematik, dass es ihm immer wieder gelingt, komplexe Zusammenhänge aus verschiedenen Perspektiven zu zeigen. Das ›Zeigen‹ ist hier ganz wörtlich gemeint, denn Peter Burkes historisches ›Erzählen‹ öffnet gleichsam ein Fenster, durch das den Kopf hinauszustrecken wir eingeladen sind. Somit wird uns erlaubt, zumindest auf einer imaginativen Ebene, die historische Distanz zu überbrücken, indem wir uns für eine Weile in privilegierte Zuschauer verwandeln.

historian with that of a translator, whose task it is to interpret the past for the present.[4] That statement comes very close to one made by the Spanish philosopher José Ortega y Gasset about the art of translation: 'But [...] one glimpses a possible marvellous aspect of the enterprise of translating: the revelation of the mutual secrets that peoples and epochs keep to themselves and which contribute so much to their separation and hostility; in short – an audacious integration of humanity.'[5] This is precisely what makes Peter Burke's work so fascinating and so valuable: it positively breathes humanity.

In this bicentenial year, it is a particularly great honour to have the series of *Schelling Lectures* commence with a contribution from Peter Burke. In 'Circa 1808: Restructuring Knowledges' he takes us back to the time when the Academy was founded. This journey, however, as is always the case with Burke, does not take us directly to our destination: instead, it meanders around bends in the road and into the nooks and crannies of all manner of contexts, all of which ultimately present us with a vivid picture of palpable reality. At the beginning of this excursion, he confronts us with the question: 'Why should a major philosopher such as Friedrich Wilhelm Joseph von Schelling (1775–1854) have been involved in the foundation of an art school?', thus shattering 'established preconceptions' and enabling us to look in other directions.

From the outset, a great many people have contributed to ensuring that the *Schelling Lectures* could be realized. I should like to express my special thanks and appreciation to the President and the Chancellor of the Academy, who from the very beginning have fostered this project with so much understanding and generosity. I am also greatly indebted to Antonia von Collas, Angela Holzwig and Dr. Markus Kleinert. Without their pertinent advice and productive exchange of

Burke selbst hat in einem Interview mit der Historikerin Maria Lúcia Pallares-Burke die Funktion eines Historikers mit jener eines Übersetzers verglichen, dessen Aufgabe es sei, die Vergangenheit für die Gegenwart zu interpretieren.[4] Diese Aussage steht jener Äußerung des spanischen Philosophen José Ortega y Gasset sehr nahe, der über die Kunst des Übersetzens schrieb: »Welch herrliches Unterfangen das Übersetzen sein kann: die Offenbarung der wechselseitigen Geheimnisse, die Völker und Zeiten voreinander bewahren und die so viel zu ihrer Zersplitterung und Verfeindung beitragen; kurz eine kühne Ineinssetzung der ganzen Menschheit.«[5] Dies ist gerade das, was Peter Burkes Werk so faszinierend und wertvoll macht: es atmet Menschlichkeit.

Dass die Reihe der *Schelling Lectures* in diesem Jubiläumsjahr mit einem Beitrag von Peter Burke beginnen kann, ist eine besondere Ehre. In seinem Text »Ca. 1808. Restructuring Knowledges« führt uns Peter Burke zu der Gründungszeit der Akademie zurück. Die Reise führt aber, wie immer bei Burke, nicht direkt zum Ziel, sondern durch Wegbiegungen und Schlupfwinkel verschiedenster Zusammenhänge, die uns am Ende das bunte Bild einer plastischen Realität präsentieren. Als Ausgang der Wanderung stellt er uns vor die Frage: »Why should a major philosopher such as Friedrich Wilhelm Joseph von Schelling (1775–1854) have been involved in the foundation of an art school?« – und diese Frage bringt ›Selbstverständlichkeiten‹ ins Wanken und gibt uns die Chance, den Blick in andere Richtungen zu lenken.

Es gab von Anfang an viele Personen, die einen Beitrag dazu geleistet haben, dass das Projekt der *Schelling Lectures* verwirklicht werden konnte. Ein besonderes Dankeschön und meine ausdrückliche Anerkennung gelten der Hochschulleitung der Akademie, die von Anfang und mit viel Verständnis und Großzügigkeit dieses Projekt gefördert hat. Ebenso

ideas, the inaugural *Schelling Lecture* could not have taken place in 2008.

I should also like to thank the Ingrid Werndl-Laue Stiftung for their generous backing of this project; Ingrid Werndl-Laue, President of the foundation, was immediately taken with the idea of establishing a *Schelling Lecture*. It is, in fact, thanks to her enthusiasm that the *Schelling Lectures* are to be published annually by Deutscher Kunstverlag.

Munich, October 2008

Notes

1 María Isabel Peña Aguado, '"Werde wild, … aber nicht ohnmächtig": Reflexionen zur Ästhetik', in Uta Kösser, Pascal Pilgram and Sabine Sander, *Ende der Ästhetik? Rück- und Ausblicke*, Erlangen, 2007, pp. 135–48.

2 Hannah Arendt, *The Life of the Mind*, London, 1978, pp. 50–1.

3 Friedrich Wilhelm Joseph Schelling, Ueber das Verhältniß der bildenden Künste zu der Natur: 1807, in Bernhard Lypp (ed.), *Schelling und die Akademie der Bildenden Künste*, München, Schriftreihe der Akademie der Bildenden Künste 2002, pp. 64–5 (trans. Joan Clough).

4 Maria Lúcia Pallares-Burke, *The New History: Confessions and Conversations*, Cambridge, 2002, pp. 129–57.

5 José Ortega y Gasset, *Elend und Glanz der Übersetzung/Miseria y esplendor de la traducción*, Munich, 1983, p. 46; translated into English as *The Misery and the Splendor of Translation*, trans. Elizabeth Gamble Miller, in Rainer Schulte and John Biguenet (eds.), *Theories of Translation: An Anthology of Essays from Dryden to Derrida, Language Arts and Disciplines*, Chicago and London, 1992, p. 104.

danke ich herzlich Frau Antonia von Collas, Frau Angela Holzwig und Herrn Dr. Markus Kleinert – ohne ihren klugen Rat und ohne den ständigen Austausch mit ihnen hätte die *Schelling Lecture* im Jahre 2008 nicht beginnen können.

Ebenso möchte ich für die großzügige Hilfe der Ingrid Werndl-Laue Stiftung danken, deren Vorsitzende, Frau Ingrid Werndl-Laue, sich sofort für die Idee, eine *Schelling Lecture* einzurichten, hat begeistern lassen. Dank ihres Enthusiasmus werden die *Schelling Lectures* jährlich im Deutschen Kunstverlag veröffentlicht.

München, Oktober 2008

Anmerkungen

1 María Isabel Peña Aguado, ›Werde wild, … aber nicht ohnmächtig.‹ Reflexionen zur Ästhetik. In: Uta Kösser, Pascal Pilgram, Sabine Sander, *Ende der Ästhetik? Rück- und Ausblicke*, Erlangen, 2007, S. 135–148.

2 Hannah Arendt, *Vom Leben des Geistes: Das Denken*, München, 1993, S. 60.

3 Friedrich Wilhelm Joseph Schelling, Ueber das Verhältniß der bildenden Künste zu der Natur. 1807. In: Bernhard Lypp (Hrsg.), *Schelling und die Akademie der Bildenden Künste*, München, Schriftreihe der Akademie der Bildenden Künste 2002, S. 64–65.

4 Maria Lúcia Pallares-Burke, *The New History: Confessions and Conversations*, Cambridge, 2002, S. 129–157.

5 José Ortega y Gasset, *Elend und Glanz der Übersetzung/ Miseria y esplendor de la traducción*, München, 1983, S. 46.

Circa 1808: Restructuring Knowledges

PETER BURKE

The purpose of this lecture is to place certain events that took place in or around the year 1808, together with some of the major trends of the period, in a comparative perspective in time.

To begin with: a problem. Why should a major philosopher such as Friedrich Wilhelm Joseph von Schelling (1775–1854) have been involved in the foundation of an art school? That this happened is well known, but there is always a danger of taking for granted what we know took place. As so often in history, it may be illuminating to view what actually happened as unexpected and even as strange. Schelling's involvement can, of course, be explained, but it seems better to postpone possible explanations till later, after describing the cultural context or contexts of the event in more detail.

This significant cultural moment was especially, but not exclusively, a German moment. Hence it may be useful to examine changes in German culture at this time in a pan-European context. The years around 1808, or more generally around the turn of the century, were a watershed, or *Sattelzeit*, not only in the political history of Europe but in its intellectual and cultural history as well.

Um 1808: Neuordnung der Wissensarten

PETER BURKE

Das Ziel dieser Vorlesung ist, bestimmte Ereignisse, die um 1808 stattfanden, mit den Hauptströmungen dieser Epoche in Verbindung zu setzen.

Beginnen wir mit einer Fragestellung: Warum sollte sich ein bedeutender Philosoph wie Friedrich Wilhelm Joseph von Schelling (1775–1854) an der Gründung einer Kunsthochschule beteiligen? Dass dem so war, ist bekannt, aber es besteht stets die Gefahr, etwas für selbstverständlich zu halten, nur weil wir wissen, dass es geschah. Wie so oft in der Geschichtsforschung könnte es aufschlussreich sein, was tatsächlich passierte als unerwartet oder gar sonderbar zu betrachten. Natürlich gibt es eine Erklärung für Schellings Beteiligung, aber es wird besser sein, mögliche Erklärungen auf später zu verschieben, wenn die kulturellen Zusammenhänge und Umstände der Begebenheit näher erläutert sind.

Dieser signifikante kulturelle Moment war insbesondere, wenn auch nicht ausschließlich, ein deutscher Moment. Deshalb mag es sinnvoll sein, kulturelle Veränderungen in Deutschland im gesamteuropäischen Zusammenhang zu untersuchen. Die Jahre um 1808 oder allgemeiner gesagt, jene um die Jahrhundertwende, stellen nicht nur in der politischen, sondern ebenso in der geistigen und kulturellen Geschichte Europas einen Wendepunkt beziehungsweise eine *Sattelzeit* dar.

In political history, for instance, we remember 1808 as the year in which Napoleon's armies invaded Spain and Portugal, thus starting the Peninsular War and obliging the Portuguese royal family to flee to Rio de Janeiro, an event with important consequences for Brazil. At this time, Napoleon was redrawing the map of Europe, destroying old regimes, such as the Venetian Republic (1797) and the Holy Roman Empire (1806), and setting up new ones. In Munich, for instance, Napoleon's ally the Elector Maximilian IV became King Maximilian I.

The years around 1808 were also a *Sattelzeit* in the history of European ideas, as the late Reinhart Koselleck and his colleagues demonstrated in their monumental multivolume enterprise the *Geschichtliche Grundbegriffe*.[1] We might say that the French Revolution helped to bind a generation together and to form a new mentality, as major events have often done.[2]

It did not matter whether individual members of this generation supported the Revolution or opposed it. For instance, Georg Forster was a Jacobin. Friedrich Hölderlin supported the Revolution and then Napoleon. Ernst Moritz Arndt, on the other hand, was anti-French. In Britain, the young poet William Wordsworth approved of the events in France, while Edmund Burke condemned them in 1790 in his famous *Reflections on the Revolution in France*. The crucial thing, as Wordsworth once observed, was to be young at the time ('Bliss was it in that dawn to be alive/But to be young was very heaven').[3]

In der Politik-Geschichte beispielsweise erinnern wir uns an 1808 als das Jahr, in dem Napoleons Armeen in Spanien und Portugal einmarschierten, auf diese Weise den Krieg auf der Iberischen Halbinsel entfachten und das portugiesische Königshaus zur Flucht nach Rio de Janeiro zwangen, ein Ereignis, das entscheidende Folgen für Brasilien hatte. Napoleon entwarf die Karte Europas neu, indem er alte Herrschaftssysteme wie die Republik Venedig (1797) und das Heilige Römische Reich (1806) zerstörte und neue Systeme errichtete. In München zum Beispiel wurde Napoleons Verbündeter Kurfürst Maximilian IV. auf diese Weise zum König Maximilian I.

Die Jahre um 1808 waren aber auch eine *Sattelzeit* in der europäischen Ideengeschichte, wie der verstorbene Reinhart Koselleck und seine Kollegen in ihrem beeindruckenden mehrbändigen Werk *Geschichtliche Grundbegriffe* aufzeigen.[1] Man könnte daher sagen, dass die Französische Revolution, wie es bedeutende Ereignisse oft getan haben, dazu beitrug, eine ganze Generation zu prägen und eine neue Geisteshaltung zu schaffen.[2]

Ob einzelne Vertreter dieser Generation die Revolution unterstützten oder sich ihr entgegenstellten, war dabei nicht von Bedeutung. Georg Forster war zum Beispiel ein Jakobiner. Friedrich Hölderlin unterstützte die Revolution und später Napoleon. Ernst Moritz Arndt hingegen nahm eine anti-französische Haltung ein. In Großbritannien befürwortete der junge Dichter William Wordsworth die Ereignisse in Frankreich, während Edmund Burke sie 1790 in seinen berühmten *Betrachtungen über die Französische Revolution* verurteilte. Entscheidend war vor allem, wie Wordsworth einmal feststellte, in dieser Zeit jung zu sein: »Bliss was it in that dawn to be alive/But to be young was very heaven«. (Sinngemäß: »Und helle Freude war's die Morgenröte jener Zeit zu sehen/ Doch wirklich himmlisch in der Jugend Kraft zu stehen«.)[3]

Returning to Germany, we might remind ourselves that the Humboldt brothers, born in 1767 and 1769, were 22 and 20 in the year of the Revolution; August Wilhelm Schlegel was 22; Hegel and Hölderlin were 19; Friedrich Schlegel, 17; Schelling, only 14 – but then he was something of a prodigy.

One major consequence of the Napoleonic invasions was the discovery, or as some would say, the invention of the nation, especially of some nations, among them Italy and Germany. After all, 1808 was the year of Johann Gottlieb Fichte's *Reden an die deutsche Nation*. There was a shift from writing universal history to writing national history, mirroring the more general shift from cosmopolitanism to nationalism famously described by Friedrich Meinecke.[4]

All the same, the intellectual changes taking place at this time were much more than a response to the French Revolution, as Michel Foucault and Reinhart Koselleck have suggested in their different ways.[5] The intellectual movement that scholars now call the 'Counter-Enlightenment' may have been encouraged by the events in France, but it had begun well before 1789, as the examples of Johann Gottfried von Herder and Johann Georg Hamann remind us.[6] Schelling formed part of this movement, as his opposition to both Locke and Voltaire suggests.

To try to summarize a major intellectual shift in a few words, one might point to the emergence of a new cluster of keywords, or *Grundbegriffe*. In English, French and German, these terms would be broadly similar. In German, for instance, these keywords included *Volk, Geist, Organismus, Kultur, Bildung* and *Entwicklung*.

So waren – um auf Deutschland zurückzukommen – die Brüder Humboldt, geboren 1767 und 1769, im Jahr der Revolution 22 und 20 Jahre alt; August Wilhelm Schlegel war 22-jährig; Hegel und Hölderlin waren 19 Jahre; Friedrich Schlegel 17 Jahre; Schelling war damals erst 14 Jahre – doch er war so etwas wie ein Wunderkind.

Eine der wichtigsten Folgen der napoleonischen Invasionen bestand in der Entdeckung oder, wie manche sagen würden, der Erfindung der »Nation« und hier insbesondere bestimmter Nationen wie Italien und Deutschland. Schließlich war 1808 auch das Jahr von Johann Gottlieb Fichtes *Reden an die deutsche Nation.* Die Nationalgeschichtsschreibung löste die Universalgeschichtsschreibung ab und spiegelt die von Friedrich Meinecke so hervorragend geschilderte allgemeine Wende vom Weltbürgertum zum Nationalstaat wider.[4]

Alles in allem waren die geistigen Veränderungen jener Zeit viel mehr als eine Antwort auf die Französische Revolution, wie es auch Michel Foucault und Reinhart Koselleck jeder auf seine Weise nahegelegt haben.[5] Die geistige Bewegung, die Wissenschaftler nun »Gegen-Aufklärung« nennen, mag zwar durch die Ereignisse in Frankreich ermutigt worden sein, doch hatte sie bereits vor 1789 eingesetzt, wie uns die Beispiele Johann Gottfried von Herder und Johann Georg Hamann zeigen.[6] Schellings Opposition gegen Locke und Voltaire lässt vermuten, dass auch er sich an dieser Bewegung beteiligte.

Wollte man versuchen, diese bedeutende geistige Wende in wenigen Worten zusammenzufassen, müsste man auf eine Gruppe von Schlüsselwörtern beziehungsweise *Grundbegriffen* verweisen, die in dieser Zeit aufkamen. Diese Begriffe waren im Englischen, Französischen und Deutschen weitgehend ähnlich. Deutsche Schlüsselwörter waren zum Beispiel *Volk*, *Geist*, *Organismus*, *Kultur*, *Bildung* und *Entwicklung*.

Herder, for instance, had much to say about the *Volk, Volkslieder* and the *Volksgeist*. In 1808, Arndt, a professor of history at the University of Greifswald, published a book entitled *Geist der Zeit*. Schelling often employed terms such as *Geist, Naturgeist, Geisteskraft* and *Begeisterung*. The terms *organisch* and *Organismus*, used by Herder, Goethe, Hölderlin and others, illustrate a significant change of intellectual paradigm or dominant-metaphor. The view of the world as an immense machine, widely held from the age of Descartes to that of La Mettrie, was replaced by that of an organism. The term *Makrobiotik* became a fashionable one, as it would again in the 1960s.[7] Knowledge, too, was regarded as an organism, to which anatomist Karl Friedrich Burdach's book entitled *Der Organismus menschlicher Wissenschaft und Kunst* (1809) attests.[8]

Another illustration of this change of paradigm from the machine to the organism is the rise of the term *Entwicklung*, first used around the middle of the eighteenth century in botany, and then by Herder, Isaak Iselin and others, to refer to the development of thought and culture. Herder famously claimed that 'What I am, I have become. I have grown like a tree [*Was ich bin, bin ich geworden. Wie ein Baum bin ich gewachsen*]', while Goethe's novel *Wilhelm Meisters Lehrjahre* (1795–6) compares the hero's development to the growth of a plant from seeds to buds, flowers and fruit.[9]

The new awareness of the process of becoming may be illustrated by the increasing use of compound nouns, such as *Werdegang, Werdegesetz, Werdezeit* and *Werdensprozess*, all nineteenth-century coinages. So do two other words, whose rise was noted by Moses Mendelssohn as early as 1784, *Bildung* and *Kultur*, both of which referred to processes of cultivation rather than states of mind.[10]

So hatte Herder viel über *Volk, Volkslieder* und den *Volksgeist* zu sagen. Im Jahre 1808 veröffentlichte Arndt, Geschichtsprofessor an der Universität Greifswald, ein Buch mit dem Titel *Geist der Zeit*. Schelling setzte des Öfteren Begriffe wie *Geist, Naturgeist, Geisteskraft* und *Begeisterung* ein. Die Bezeichnungen *organisch* und *Organismus*, die von Herder, Goethe, Hölderlin und anderen angewendet wurden, veranschaulichen einen bedeutenden intellektuellen Paradigmenwechsel beziehungsweise einen Wandel des vorherrschenden Weltbildes. Der Blick auf die Welt als eine unermessliche Maschine, vom Zeitalter Descartes bis zu La Mettrie weitgehend aufrechterhalten, wurde durch die Auffassung von der Welt als Organismus ersetzt. Der Begriff *Makrobiotik* kam in Mode, wie übrigens erneut in den 1960er Jahren.[7] Das Wissen wurde ebenfalls als Organismus betrachtet, wie das 1809 erschienene Buch des Anatomen Karl Friedrich Burdach mit dem Titel *Der Organismus menschlicher Wissenschaft und Kunst* bezeugt.[8]

Diesen Paradigmenwechsel von der Maschine zum Organismus veranschaulicht auch das Aufkommen des Begriffs *Entwicklung*, der zum ersten Mal um die Mitte des 18. Jahrhunderts in der Botanik und dann bei Herder, Isaak Iselin und anderen Verwendung fand, wo er sich auf die Entwicklung von Gedanken und Kultur bezog. Herder formulierte bekanntlich, »Was ich bin, bin ich geworden. Wie ein Baum bin ich gewachsen«, während Goethe in seinem Roman *Wilhelm Meisters Lehrjahre* (1795–1796) die Entwicklung des Helden mit dem Wuchs einer Pflanze, vom Samen zur Knospe, von der Blüte bis zur Frucht vergleicht.[9]

Man kann das neue Bewusstsein für den Entstehungsprozess am zunehmenden Gebrauch von zusammengesetzten Wörtern wie *Werdegang, Werdegesetz, Werdezeit* und *Werdensprozess* ablesen, die allesamt Prägungen des 19. Jahrhunderts sind. Dies gilt auch für die beiden anderen Worte

The ambition of Wilhelm Meister is described as 'mich selbst auszubilden'.

The new sense of an organic relationship between the arts and the changing customs of a particular people, or *Volk*, underlies the rise of the terms *Kultur* and *Kulturgeschichte* at the end of the eighteenth century, as in the case of such books as Dietrich Hermann Hegewisch's *Deutsche Kulturgeschichte* (1788); Johann Gottfried Eichhorn's *Allgemeine Geschichte der Cultur* (1796); Johan David Hartmann's *Versuch einer Kulturgeschichte Griechenlands* (1796), Friedrich Majer's *Kulturgeschichte der Völker* (1798) and Rasmus Nyerup's *Kulturgeschichte von Dänemark* (1804).[11]

These new concepts are linked to a series of 'discoveries', at least in the limited sense of a sharper awareness of something, among them the discovery of the people, the discovery of the East, the discovery of art and the discovery of time.

The years around 1800 were not only a turning-point but also a meeting-point of different tendencies. History may be viewed as an unfinished tapestry, the warp and woof being space and time. It is obviously impossible to trace all the threads in the tapestry here, so I shall simply pick out a few of them, concentrating attention on the emergence of what we may call a new regime of knowledge.

Bildung und *Kultur*, deren verstärkte Verwendung von Moses Mendelssohn bereits 1784 bemerkt wurde und die sich beide eher auf Vorgänge organischen Wachstums denn auf die Verfassung des Geistes bezogen.[10] Das Streben von Wilhelm Meister wird mit »mich selbst auszubilden« beschrieben.

Dem Aufstieg der Begriffe *Kultur* und *Kulturgeschichte* am Ende des 18. Jahrhunderts liegt die neue Haltung zugrunde, einen organischen Bezug zwischen den Künsten und den sich wandelnden Sitten des einzelnen *Volkes* herzustellen. Dies zeigt sich etwa in Büchern wie Dietrich Hermann Hegewischs *Deutscher Kulturgeschichte* von 1788, Johann Gottfried Eichhorns *Allgemeiner Geschichte der Cultur* von 1796, Johann David Hartmanns 1796 erschienenem *Versuch einer Kulturgeschichte Griechenlands* von 1796, Friedrich Majers *Kulturgeschichte der Völker* von 1798 und Rasmus Nyerups *Kulturgeschichte von Dänemark* aus dem Jahr 1804.[11]

Diese neuen Vorstellungen stehen in Verbindung mit einer Reihe von »Entdeckungen«, zumindest im engeren Sinn eines geschärften Bewusstseins, zu denen die Entdeckung des Volkes, die Entdeckung des Orients, die Entdeckung der Kunst und die Entdeckung der Zeit gehören.

Die Jahre um 1800 waren nicht nur ein Wendepunkt, sondern auch ein Moment des Zusammentreffens verschiedener Strömungen. Man kann Geschichte als einen unvollendeten Wandteppich begreifen, wobei Kette und Schuss Raum und Zeit entsprechen. Natürlich ist es unmöglich, in dieser Vorlesung alle Fäden des Wandteppichs nachzuverfolgen, deshalb werde ich nur einige davon herausgreifen und dabei die Aufmerksamkeit auf das lenken, was man als das neue »Herrschaftssystem des Wissens« bezeichnen kann.

Structures of Knowledge

Just as Napoleon was redrawing the map of Europe *c.* 1800, so scholars were redrawing the map of learning. This redrawing or reconstruction has an institutional aspect, including the reform of schools and universities by Wilhelm von Humboldt in Prussia, by Friedrich Niethammer in Bavaria and so on, and the rise of the research seminar, the laboratory and the degree of Doctor of Philosophy.[12] The reconstruction also included the foundation or reorganization of libraries and other 'knowledge institutions', such as archives and museums. In 1793, for instance, the Royal Library, Copenhagen, opened its doors to the public; in 1795, the Imperial Public Library, St Petersburg; in 1796, the Royal Public Library, Lisbon. In 1798, the Royal Library was founded in The Netherlands; in 1800, the Library of Congress in the United States; and in 1803, the Hungarian National Library. In Munich, the Royal Library, later the *Staatsbibliothek*, was reorganized from 1802 onwards, following the arrival of collections of books from monasteries that had been suppressed.[13]

Public museums were also being founded at this time. After the French Revolution, in 1793, the Louvre, once a royal palace, opened as a public museum. The foundation of the National Art Gallery in The Hague took place in 1800, that of the Hungarian National Museum (formerly a private collection) in 1802 and that of the Danish National Museum in 1809. The name 'national' is a revealing one, a sign of what we might call the 'nationalization of knowledge' that would become so visible in Europe in the course of the nineteenth century, with dictionaries of national biography and the official publication of documents illustrating national histories.

Strukturen des Wissens

So wie Napoleon um 1800 die Landkarte Europas neu entwarf, entwarfen die Gelehrten auch die Karte des Wissens neu. Diese Neugestaltung weist insofern einen institutionellen Aspekt auf, als sie unter anderem die Reform der Schulen und Universitäten durch Wilhelm von Humboldt in Preußen und Friedrich Niethammer in Bayern ebenso wie die Entstehung von Forschungsseminaren, Laboratorien und dem Doktorgrad für Philosophie beinhaltet.[12] Die Neuordnung umfasste ebenfalls die Gründung und Neuordnung von Bibliotheken und anderen »Wissenseinrichtungen« wie Archiven und Museen. Im Jahr 1793 eröffnete zum Beispiel die Königliche Bibliothek von Kopenhagen ihre Pforten für die Öffentlichkeit. Es folgen 1795 die Kaiserlich Öffentliche Bibliothek in St. Petersburg und 1796 die Öffentliche Königliche Hofbibliothek in Lissabon. Im Jahr 1798 wird in den Niederlanden die Königliche Bibliothek gegründet, 1800 die Kongressbibliothek in den Vereinigten Staaten und dann 1803 die Ungarische Nationalbibliothek. Die Königliche Bibliothek in München, später Staatsbibliothek, wurde ab 1802 neu geordnet, da Sammlungen bisher verbotener Bücher aus Klöstern aufgenommen wurden.[13]

Auch die Gründung öffentlicher Museen fällt in diese Zeit. Nach der Französischen Revolution wurde der Louvre, einst Königspalast, als öffentliches Museum zugänglich gemacht. Die Gründung des Mauritshuis in Den Haag fand um das Jahr 1800 statt, jene des Ungarischen Nationalmuseums (früher eine Privatsammlung) 1802 und 1809 die des Dänischen Nationalmuseums. Das Wort »national« ist hier insofern recht aussagekräftig, als dass es das kennzeichnet, was man die »Nationalisierung des Wissens« nennen könnte und was in Form von Nachschlagewerken zur Nationalbiographie und der offiziellen Veröffentlichung von Dokumenten zur Darstellung der Nationalhistorie im Laufe des 19. Jahrhunderts in Europa sehr augenfällig wurde.

Retrospectively at least, the years around 1800 look like a magic moment of balance between art and science, universality and specialization. Goethe, for instance, had a Faustian desire for knowledge of many kinds, in the natural sciences as well as in the humanities: *Farbenlehre* etc. Between them, the Humboldt brothers, Wilhelm and Alexander, spanned the disciplines of their day.[14] The American philosopher Ralph Waldo Emerson described Alexander as a 'universal man', one of those 'who appear from time to time as if to show us the possibilities of the human mind'. Lesser figures also spanned the disciplines at this time. To take an example from my own institution, Thomas Young, a Fellow of Emmanuel College, has been described (like the German Jesuit Athanasius Kircher 150 years earlier) as 'the last man who knew everything'.[15] Young was trained as a physician and pursued medical research. However, he also published important papers on the calculation of life insurance and about his experiments in the physics of light and sound. Besides this, he worked on the decoding of Egyptian hieroglyphics, although in the race for decipherment he was overtaken by his French rival Champollion. No wonder that his contemporaries called him 'Phenomenon Young'.

However, the days of the polymath were running out and around the year 1800 an age of specialization was arriving. It was harder to span the disciplines and even to try to do so was no longer quite respectable. Humboldt himself complained that 'People often say that I'm curious about too many things at once'. As for Young, he sometimes published his contributions to different fields anonymously, precisely so that his narrower colleagues would continue to take him seriously as a physician, a sign of an important change in the intellectual climate.

Zumindest im Rückblick wirken die Jahre um 1800 wie ein magischer Moment des Gleichgewichts zwischen Kunst und Wissenschaft, zwischen Universalität und Spezialisierung. Goethe zum Beispiel besaß ein faustisches Verlangen nach verschiedenstem Wissen, sei es in den Naturwissenschaften oder den Geisteswissenschaften, wie an seiner »Farbenlehre« zu sehen ist. Die Brüder Wilhelm und Alexander von Humboldt deckten gemeinsam alle Wissensgebiete ihrer Zeit ab.[14] Der amerikanische Philosoph Ralph Waldo Emerson beschrieb Alexander als einen »Universalmenschen«, einen derjenigen, »wie sie von Zeit zu Zeit in Erscheinung treten, um uns das Potenzial des menschlichen Geistes vor Augen zu führen.« Aber auch Geringere besaßen damals ein umfassendes Wissen. Um ein Beispiel meiner eigenen Universität zu geben, möchte ich Thomas Young, Mitglied des Emmanuel Colleges, nennen, der, ebenso wie der deutsche Jesuit Athanasius Kircher 150 Jahre zuvor, als »der letzte Mensch, der alles wusste« beschrieben wurde.[15] Young war ausgebildeter Arzt und in der medizinischen Forschung tätig. Er veröffentlichte jedoch auch bedeutende Abhandlungen über die Kalkulation von Lebensversicherungen und seine physikalischen Experimente mit Licht und Ton. Außerdem arbeitete er an der Entzifferung ägyptischer Hieroglyphen, wobei er im Wettstreit um die Dechiffrierung von seinem französischen Konkurrenten Champollion übertroffen wurde. Kein Wunder also, dass ihn seine Zeitgenossen »das Phänomen Young« nannten.

Trotzdem ging die Zeit interdisziplinärer Wissenschaft ihrem Ende entgegen und um das Jahr 1800 setzte ein Zeitalter der Spezialisierung ein. Es wurde schwieriger, die Wissensgebiete zu verknüpfen und selbst das Streben danach galt nicht länger als schicklich. Humboldt selbst beschwerte sich, dass »die Leute oft sagen, ich wäre auf zu viele Dinge auf einmal neugierig«. Ein wichtiges Zeichen für den Wandel im

The years around 1808 were a time of many advances in particular fields of knowledge – geology, chemistry, archaeology, political economy, biology and so on. The price that was paid for these advances was the increasing fragmentation of knowledge. We might say that society as a whole knew more, but that individuals were coming to know less or at least to understand less than before. The point was that it was becoming more and more difficult to see the big picture.[16] In the long term, as we know, the rise of specialization would prove irresistible. At the institutional level, the nineteenth century was a time of the formation and naming of new disciplines, the foundation of new chairs, the 'departmentalization' of the university, divided into more and more specialized institutes.

The problem of fragmentation was perfectly apparent at the time and there were attempts to remedy it, especially the split between art and science, *Kunst* and *Wissenschaft*. Ranke and Humboldt, like Goethe and Schelling, wanted to link or preserve the links between the two. Schelling suggested that the *Wissenschaften*, once perfected, would flow back into the ocean of poetry ('in den allgemeinen Ocean der Poesie zurückfliessen').

The response to the challenge posed by new information and new disciplines included nothing less than the construction of a new regime of knowledge. The old regime had been a hierarchical one in which theology had been the 'queen of the sciences', followed by law and medicine, then the humanities or liberal arts, and finally the mechanical arts, such as agriculture and shipbuilding.

geistigen Klima war, dass Young seine Beiträge zu verschiedenen Sachgebieten hin und wieder anonym veröffentlichte, um von seinen näheren Kollegen weiterhin als Arzt ernst genommen zu werden.

Die Jahre um 1808 waren eine Zeit des Fortschritts in verschiedenen Wissensgebieten wie der Geologie, Chemie, Archäologie, Volkswirtschaft, Biologie usw. Der Preis, der für diesen Vorstoß gezahlt wurde, war die zunehmende Fragmentierung des Wissens. Man könnte sagen, dass die Gesellschaft als Ganzes wohl mehr wusste, der Einzelne jedoch allmählich immer weniger wusste oder zumindest immer weniger verstand als vorher. Der springende Punkt war, dass es immer schwieriger wurde, das große Ganze zu überblicken.[16] Auf lange Sicht erwies sich, wie wir wissen, die Spezialisierung als unumgänglich. Auf institutioneller Ebene war das 19. Jahrhundert eine Zeit der Schaffung und Benennung neuer Wissensgebiete, der Gründung neuer Lehrstühle, der »Unterteilung« der Universitäten in mehr und mehr fachspezifische Institute.

Das Problem der Fragmentierung war damals gänzlich offensichtlich und es gab Versuche, Abhilfe zu schaffen, besonders um der Spaltung von Kunst und Wissenschaft entgegen zu wirken. Ranke und Humboldt wollten ebenso wie Goethe und Schelling die beiden Bereiche miteinander verbinden oder zumindest die bestehenden Verbindungen erhalten. Schelling vertrat die Ansicht, dass die Wissenschaften, sollten sie einmal vollkommen sein, »in den allgemeinen Ozean der Poesie zurückfließen« würden.

Die Antwort auf diese Herausforderungen, die sich durch neue Erkenntnisse und neue Wissenschaftsgebiete ergaben, bestand in nicht weniger als der Errichtung eines neuen Herrschaftssystems des Wissens. Das ehemals vorherrschende System war von einer Hierarchie geprägt, bei der die Theologie als »Königin der Wissenschaften« galt, der

At the beginning of the nineteenth century, however, the dominance of the traditional disciplines was challenged. It was attacked on two sides, by scientists and by artists. 1808 was the year in which Friedrich Immanuel Niethammer, the Bavarian *Zentralschulrat* who was also a friend of Schelling, published a book entitled *Der Streit des Philanthropinismus und Humanismus in der Theorie unserer Zeit.* What Niethammer called *Philanthropinismus* was useful knowledge, such as agriculture, metallurgy or forestry, while he coined the term *Humanismus* to refer to the study of the humanities, the purpose of which was not narrowly utilitarian but 'allgemeine Bildung'. The supporters of *Philanthropinismus* were claiming a higher place in the knowledge system at this time. The conflict between what would later be called the 'two cultures' of arts and science was already under way.[17] Niethammer himself, it should be said, hoped for a synthesis of *Berufsbildung* and *Humanitätsbildung.*

On the other hand, the old regime of knowledge was challenged by the revaluation of the imagination that we associate with the Romantic Movement. In the academic domain, we see the increasing importance of general hermeneutics, as famously practised by Friedrich Schleiermacher as well as by a follower of Schelling, Friedrich Ast, whose *Grundlinien der Grammatik, Hermeneutik und Kritik* appeared in 1808.[18] Speaking in an academy of art, it may be worth comparing the similarities between the three literary levels distinguished by Ast (the literal or grammatical level, the historical level, concerned with meaning, and the cultural level, concerned with grasping the *Geist* of a period) with the three pictorial levels distinguished by Panofsky in one of his most famous essays.[19]

zunächst Jura und Medizin, dann die Geisteswissenschaften – oder humanistischen Fächer – und schließlich technische Fachgebiete wie Landwirtschaft und Schiffsbau folgten.

Zu Beginn des 19. Jahrhunderts wurde die Dominanz der traditionellen Fachgebiete jedoch infrage gestellt, und zwar gleich von zwei Seiten, von den Wissenschaftlern und den Künstlern. 1808 war das Jahr, in dem der bayerische Zentralschulrat Friedrich Immanuel Niethammer, der auch ein Freund von Schelling war, ein Buch mit dem Titel *Der Streit des Philanthropinismus und Humanismus in der Theorie unserer Zeit* veröffentlichte. Niethammer verstand unter *Philanthropinismus* das nützliche Wissen wie Land- und Forstwirtschaft oder Metallurgie, während er den Begriff *Humanismus* durch den Bezug zum Studium der Geisteswissenschaften geprägt sah, deren Zweck nicht einfach in der reinen Nützlichkeit, sondern der »allgemeinen Bildung« lag. Die Befürworter des *Philanthropinismus* beanspruchten damals einen höheren Stellenwert im Wissenssystem. Der Widerstreit zwischen Kunst und Wissenschaft, die man später als »zwei Kulturen« bezeichnen sollte, begann zu keimen.[17] Es muss erwähnt werden, dass Niethammer selbst auf eine Synthese von *Berufsbildung* und *Humanitätsbildung* hoffte.

Auf der anderen Seite wurde das alte Wissenssystem durch eine Aufwertung der Vorstellungskraft, die wir mit der Bewegung der Romantik assoziieren, infrage gestellt. Im akademischen Bereich kann man eine wachsende Bedeutung der allgemeinen Hermeneutik beobachten, die bekanntermaßen durch Friedrich Schleiermacher und ebenso durch Schellings Anhänger Friedrich Ast verfolgt wurde, dessen *Grundlinien der Grammatik, Hermeneutik und Kritik* im Jahr 1808 erschien.[18] Da ich in einer Kunstakademie vortrage, mag es angebracht sein, einen Vergleich zwischen den Ähnlichkeiten der drei von Friedrich Ast unterteilten Ebenen der Litera-

The rise of hermeneutics was associated with the rise of interest in myth, already visible at the University of Göttingen in the late eighteenth century in the circle of Christian Gottlob Heyne.[20] In 1800, Friedrich Schlegel published his *Rede über die Mythologie*; in 1810, Joseph Görres, *Mythengeschichte der asiatischen Welt*; in 1810–12, Friedrich Creutzer, *Symbolik und Mythologie der alten Völker*; and in 1815, Schelling, *Philosophie der Mythologie*. According to its constitution, the curriculum of the Akademie der Bildenden Künste included lectures on mythology.[21] One might describe this interest as an intellectual fashion, but I should prefer to reserve that expression, which has a mildly contemptuous ring in academic circles, for a short-term trend that does not lead anywhere. The discovery of myth, on the other hand, formed part of a change in intellectual regime. It is better to speak of the rehabilitation of myth as a form of knowledge at this time, linked to an increasing interest in dreams, folktales and the wisdom of the East.[22]

tur (nämlich der sprachlichen beziehungsweise grammatikalischen Ebene, der erzählerischen Bedeutungsebene und der kulturbezogenen Ebene, die den *Geist* einer Epoche einfängt) und den von Panofsky in seinem berühmten Aufsatz aufgestellten drei Ebenen des Bildes anzustellen.[19]

Das Erwachen der Hermeneutik war mit einem wachsenden Interesse an der Mythologie verknüpft, das sich bereits im späten 18. Jahrhundert an der Universität von Göttingen im Kreise von Christian Gottlob Heyne bemerkbar machte.[20] Friedrich Schlegel veröffentlichte im Jahr 1800 seine *Rede über die Mythologie* und Joseph Görres verfasste 1812 die *Mythengeschichte der asiatischen Welt*. Zwischen 1810 und 1812 schrieb Friedrich Creutzer die *Symbolik und Mythologie der alten Völker* und Schelling veröffentlichte 1815 seine *Philosophie der Mythologie*. Laut ihrer Gründungsurkunde beinhaltete der Lehrplan der Akademie der Bildenden Künste Vorlesungen über Mythologie.[21] Man könnte diese Vorliebe als eine intellektuelle Modeerscheinung bezeichnen, ich würde es aber vorziehen, diesen Ausdruck, der immer einen leicht verächtlichen Klang in akademischen Kreisen besitzt, kurzfristigen, nicht weiterführenden Strömungen vorzubehalten. Die Entdeckung der Mythologie hingegen trug zu einem Wandel im vorherrschenden Denken bei. Daher ist es sinnvoller, von einer Rehabilitierung der Mythologie als einer Form des Wissens zu sprechen, die mit einem zunehmenden Interesse an Träumen, Märchen und östlicher Weisheit einherging.[22]

The Discovery of the Other

Another important aspect of the restructuring of knowledge around 1800 was a greater recognition of the plurality of knowledges, popular as well as learned and practical as well as theoretical, knowing *how* as well as knowing *that*. Hence the reference to 'knowledges' in the plural in the title of this lecture. The awareness of alternative knowledges, or at least of sources of knowledge outside the European learned tradition, might be described – with a little exaggeration – as the 'discovery of the other'.

For example, the years around 1808 were a time in which the aims of methods of translation were under debate, especially in Germany. In 1813, Friedrich Schleiermacher published his essay 'Über die verschiedenen Methoden des Übersetzens', contrasting two methods or strategies in particular. Schleiermacher opposed the common practice of domesticating foreign texts, or what he called taking the text to the reader, making the translated text appear to have been written in the language into which it is translated. He recommended the opposite strategy, one of foreignizing (*verfremden*), taking the reader to the text, making readers aware of its alien qualities so that they can learn more from it.[23] The debate continues.

These years witnessed a threefold discovery of the other in time (historicism), space (orientalism, in both the positive and negative senses of the term) and society (the discovery of the people by the upper classes).

Die Entdeckung des Anderen
Ein anderer wesentlicher Aspekt der Neuordnung des Wissens um 1800 war die wachsende Anerkennung der Pluralität der Wissensarten, der populärwissenschaftlichen ebenso wie der gelehrten, der praktischen ebenso wie der theoretischen, des Wissens um das *Wie* ebenso wie des Wissens um *Etwas*. Deshalb auch die Verwendung der Mehrzahl *Wissensarten* im Titel dieser Vorlesung. Das wachsende Bewusstsein für andere Wissensarten, oder wenigstens für Ursprünge des Wissens außerhalb der europäischen gelehrten Bildungstradition, kann, mit ein wenig Übertreibung, als die *Entdeckung des Anderen* beschrieben werden.

So wurden zum Beispiel um 1808 vor allem in Deutschland die Ziele der Übersetzungsmethoden mitunter heftig debattiert. Friedrich Schleiermacher veröffentlichte im Jahr 1813 seinen Aufsatz *Über die verschiedenen Methoden des Übersetzens*, in dem er zwei bestimmte Methoden beziehungsweise Vorgehensweisen gegenüberstellte. Schleiermacher wandte sich gegen die allgemeine Gepflogenheit, fremdsprachige Texte zu »domestizieren« oder diese Texte, wie er es nannte, dem Leser zuzuführen, indem der übersetzte Text so aussehen sollte, als sei er ursprünglich in der übersetzten Sprache geschrieben worden. Er empfahl die umgekehrte Vorgehensweise der »Verfremdung«, welche den Leser auf den Text zuführt, damit er sich der fremdsprachlichen Beschaffenheiten bewusst werde und so der Erkenntnisgewinn größer sei.[23] Die Debatte hält an.

In diesen Jahren ereignete sich eine dreifache Entdeckung des Anderen und zwar in Bezug auf die Zeit (Historismus), den Raum (Orientalismus in seiner positiven und negativen Bedeutung) und die Gesellschaft (die Entdeckung des Volkes durch die Oberschicht).

To begin with, the people and their culture. Like the idea of *Kulturgeschichte,* the idea of popular culture (*Kultur des Volkes*) goes back to the late eighteenth century, to Herder and Johann Christoph Adelung.[24] To mention just a few of the major publications of popular texts: in 1778, Herder published a collection of *Volkslieder*. In 1802, Walter Scott published a collection of ballads under the title *Minstrelsy of the Scottish Border*. In 1806, it was the turn of Achim von Arnim and Clemens Brentano and their collection of ballads, *Des Knaben Wunderhorn*. In 1807, Joseph von Görres published his essay 'Die Deutschen Volksbücher'. Most famous of all, in 1812, the Grimm brothers published their *Kinder- und Haus-Märchen,* a collection of folktales presented as stories suitable for children.

The Discovery of the East

An even more spectacular example of the discovery of the other at this time was the rise of interest in the East, from Egypt to India. In the seventeenth and eighteenth centuries, Europeans had taken a considerable interest in Asia, first in the Ottoman Empire and then in China. Now it was the turn of Persia, Egypt and especially India.[25] In 1783, the Asiatic Society of Bengal was founded. In 1784, a translation of the famous Sanskrit text the *Bhagavad Gita* appeared in English.[26] In 1786–7, the French orientalist Abraham-Hyacinthe Anquetil Du Perron published his *Recherches sur l'Inde*. Napoleon's Egyptian campaign of 1798 had important intellectual consequences because a team of scientists, scholars and artists accompanied the French army and produced a monumental description of the country.

Beginnen wir mit dem Volk und seiner Kultur. Wie der Gedanke der Kulturgeschichte geht auch der Gedanke der *Kultur des Volkes* auf das späte 18. Jahrhundert zurück, also auf Herder und Johann Christoph Adelung.[24] Es seien hier nur ein paar der wesentlichen Veröffentlichungen damals verbreiteter Schriften erwähnt: Herder gab 1778 eine Sammlung von Volksliedern heraus. Walter Scott veröffentlichte 1802 unter dem Titel *Minstrelsy of the Scottish Border* (dt. *Gesammelte Schottische Balladen*) eine Sammlung von Volksballaden. Im Jahr 1806 gaben Achim von Arnim und Clemens Brentano ihre Balladen-Sammlung *Des Knaben Wunderhorn* heraus. Joseph Görres veröffentlichte seinen Aufsatz *Die Deutschen Volksbücher*. Am bekanntesten sind die von den Brüdern Grimm im Jahr 1812 herausgegebenen *Kinder- und Haus-Märchen*, eine für Kinder geeignete Sammlung von Volksmärchen.

Die Entdeckung des Orients

Eine sogar noch mehr Aufsehen erregende Entdeckung des Anderen war damals das von Ägypten bis Indien reichende Interesse am Orient. Im 17. und 18. Jahrhundert hatten die Europäer beträchtliches Interesse an Asien gezeigt, zunächst am Osmanischen Reich und dann an China. Jetzt waren Persien, Ägypten und besonders Indien an der Reihe.[25] Im Jahr 1783 wurde die *Asiatic Society of Bengal* gegründet und im Jahr 1784 erschien eine englische Übersetzung des berühmten Sanskrit-Textes *Bhagavad Gita*.[26] Der französische Orientalist Abraham-Hyacinthe Anquetil Du Perron veröffentlichte in den Jahren 1786 und 1787 seine *Recherches sur l'Inde*. Napoleons ägyptischer Feldzug von 1798 zeitigte wichtige Folgen für die Geisteswelt, da eine Gruppe von Wissenschaftlern, Gelehrten und Künstlern die französische Armee begleitete und eine imposante Beschreibung des Landes anfertigte.

The German interest in the East was especially intense at this time. For example, Görres not only wrote about popular literature, as we have seen, but studied Persian, translated part of the famous Persian epic the *Shahname* and wrote on Asian mythology. The discovery of Sanskrit and ancient India was especially important because India was coming to be viewed as the birthplace or origin of Western culture. There was a shift from an awareness of Sanskrit as a language from which ancient Greek and Latin derived, to a wider concern with Indian culture as a source of classical culture, more ancient and so purer. 1808 was the year of publication of Friedrich Schlegel's *Über die Sprache und Weisheit der Indier* and of Othmar Frank's *Das Licht des Orients* (a book that was dedicated to Napoleon). Indian philosophy was particularly attractive (one form of Idealism discovering another).[27] On the other hand, Hegel and Ranke had little time for the Orient, which they viewed as a static culture.[28]

The widening gap between the *Naturwissenschaften* and the humanities that has already been mentioned can also be discerned in this domain. The moment of the Romantic discovery of India in 1800 or thereabouts was also the time that Western physicians came to reject Eastern medicine. In the seventeenth and eighteenth centuries, Asian methods of healing, from acupuncture to Ayurvedic medicine, had been the object of great interest among Western natural philosophers and medical men. Around the year 1800, however, these alternative medicines were dismissed by Western doctors, who now prided themselves on their progressive scientific methods and no longer believed that they could learn from other cultures.[29] They would not be rediscovered in the West for more than a hundred years.

Das deutsche Interesse am Orient äußerte sich zu dieser Zeit besonders deutlich. Görres zum Beispiel beschäftigte sich nicht nur, wie bereits erwähnt, mit Volksliteratur, sondern er lernte Persisch, übersetzte Teile des bekannten persischen Epos *Shahname* und schrieb über asiatische Mythologie. Besonders bedeutsam war die Entdeckung des Sanskrits und des alten Indiens, da man begann, Indien als Geburtsstätte beziehungsweise Ursprung der westlichen Kultur anzusehen. Infolge der Erkenntnis, dass Sanskrit eine Sprachwurzel des Altgriechischen und Lateinischen sei, beschäftigte man sich zunehmend mit der indischen Kultur, die man nun als Ursprung der Antike betrachtete, da sie älter und daher reiner war. 1808 war auch das Jahr, in dem Friedrich Schlegel das Werk *Über die Sprache und Weisheit der Indier* und Othmar Frank das Buch *Das Licht des Orients* veröffentlichten, wobei Letzteres Napoleon gewidmet war. Besonders die indische Philosophie hatte Anziehungskraft – hier entdeckte eine Form des Idealismus die andere.[27] Hegel und Ranke hingegen widmeten sich dem Orient in geringerem Maße, da sie ihn als statische Kultur betrachteten.[28]

Die bereits erwähnte wachsende Kluft zwischen Natur- und Geisteswissenschaften kann auch in diesem Bereich beobachtet werden. Die Zeit um 1800, als die Romantik Indien für sich entdeckte, war zugleich der Moment, in dem westliche Ärzte von der östlichen Medizin abkamen. Noch im 17. und 18. Jahrhundert waren asiatische Heilmethoden von Akupunktur bis zur ayurvedischen Medizin für westliche Naturphilosophen und Mediziner von großem Interesse gewesen. Um 1800 wurde diese alternative Heilkunde jedoch von westlichen Medizinern abgelehnt, da sie sich nun ihrer progressiven naturwissenschaftlichen Methoden rühmten und nicht mehr daran glaubten, von anderen Kulturen lernen zu können.[29] Für mehr als hundert Jahre sollten diese Heilmethoden aus dem westlichen Bewusstsein verschwinden.

In other words, we might describe the years around 1800 as a time of both the opening and the closing of the European mind, especially the learned mind. One more discovery of otherness remains to be discussed, perhaps the most important of all: the otherness of the past, in other words, the discovery of time, or historicism.

The Discovery of Time

The problem with the word 'historicism' or *Historismus* is that it has too many meanings. The term will be employed here to refer to the increasingly sharp awareness of change over time among the educated classes in Europe from the late eighteenth century onwards.

This new awareness was discussed by the historian Friedrich Meinecke in 1936 in a famous study in which he defined this key idea as a double concern with individuality and development. The two themes are linked since, according to Meinecke, 'There is an intimate connection between evolutionary and individualizing thought-forms'.[30] Historians of art and literature have generally preferred to speak about 'Romanticism' rather than 'historicism', but under that umbrella they have made broadly similar points about the intellectual history of this period.

Historicism was not simply a product of the French Revolution. All the same, it was surely stimulated by the Revolution and the sense of the acceleration of history that followed it.[31] One reaction to the destruction of the old regime in the course of the French Revolution was a sharper awareness or rediscovery of tradition, as in the case of Edmund Burke in Britain or Friedrich Carl von Savigny in Germany, or in France Alexandre Le Noir, the founder of the Musée des Monuments Français, an insti-

Anders gesagt könnte man die Jahre um 1800 als eine Zeit sowohl der Öffnung als auch der Verengung des europäischen, vor allem des gebildeten europäischen Geistes beschreiben. Eine weitere Entdeckung des Andersartigen, vielleicht sogar die wichtigste, bleibt noch zu erörtern: das Andersartige der Vergangenheit. Mit anderen Worten die Entdeckung der Zeit beziehungsweise des Historismus.

Die Entdeckung der Zeit

Die Schwierigkeit mit dem Begriff »Historismus« besteht darin, dass er zu viele Bedeutungen besitzt. Hier soll er in dem Sinne verwendet werden, dass er die ab dem späten 18. Jahrhundert zunehmende Erkenntnis des Zeitenwandels seitens der gebildeten Schichten bezeichnet.

Dieses neue Bewusstsein wurde 1936 in einer bekannten Studie des Historikers Friedrich Meinecke untersucht, in der er diesen Hauptgedanken in eine reflexive Beziehung zu Individualität und Entwicklung setzt. Nach Meinecke sind diese beiden Themen seitdem miteinander verzahnt: »Entwickelnde und individualisierende Denkweisen gehören unmittelbar zusammen«.[30] Kunst- und Literaturwissenschaftler haben es allgemein immer vorgezogen, eher von »Romantik« als von »Historismus« zu sprechen, doch haben sie unter diesem Schutzmantel weithin ähnliche Beobachtungen bezüglich der Geistesgeschichte dieser Epoche gemacht.

Der Historismus war nicht einfach ein Produkt der Französischen Revolution. Sicherlich wurde er jedoch durch die Revolution und die auf sie folgende Wahrnehmung einer Beschleunigung der Geschichte angeregt.[31] Eine der Reaktionen auf die Zerstörung des alten Regimes im Zuge der Revolution war eine geschärfte Wahrnehmung beziehungsweise eine Wiederentdeckung der Tradition. Dies trifft auf Edmund Burke in Großbritannien oder Friedrich Carl von Savigny in

tution founded to preserve fragments of that country's past that were threatened with destruction by revolutionary iconoclasts.[32]

Incidentally, one expression of this rediscovery of tradition was the celebration of centenaries. Celebrations of this kind were relatively uncommon before the late eighteenth century, but increasingly more frequent thereafter, among them 1792, the tercentenary of Columbus's landfall in the New World, and 1817, the tercentenary of Luther's posting of the 95 theses on the church door at Wittenberg. The bicentenary of the Akademie der Bildenden Künste belongs to this tradition.

Historicism was not confined to the rediscovery or revaluation of tradition. A sharper sense of change began to spread at this time. The best evidence of the spread of this development is linguistic. The rise of new German words such as *Entwicklung* has already been mentioned. In English, new words included 'evolution' (a term used by the polymath Erasmus Darwin before it was made famous by his grandson Charles); 'stages' (as in the case of late eighteenth-century theories of human development from hunting and gathering to pastoral, agricultural and finally commercial society); and 'improvement' (a term that originally referred to agriculture, but came to be used more and more widely in what the English historian Asa Briggs has called the 'age of improvement'). The most important keyword of all was 'development', as in the early case of James Thomson's famous poem the *Seasons* (1744), in which the poet wrote of the 'development of civilization'. The term gradually changed its meaning from a literal 'unfolding' of what was already there to the appearance of something new.[33]

Deutschland zu, ebenso wie auf France Alexandre Le Noir in Frankreich, der das *Musée des Monuments Français* gründete, um historische Zeugnisse des Landes, die durch revolutionäre Bilderstürmer von Zerstörung bedroht waren, zu erhalten.[32]

Übrigens drückte sich diese Wiederentdeckung der Tradition in Jubiläumsfeiern aus. Vor dem späten 18. Jahrhundert waren Feierlichkeiten dieser Art relativ unüblich, doch sie wurden danach immer häufiger, unter ihnen die Dreihundertjahrfeier der Entdeckung Amerikas durch Columbus im Jahr 1792 und 1817 die Dreihundertjahrfeier des Thesenanschlags am Kirchenportal in Wittenberg durch Luther. Auch die Zweihundertjahrfeier der Akademie der Bildenden Künste steht in dieser Tradition.

Der Historismus beschränkte sich nicht nur auf die Wiederentdeckung beziehungsweise Neubewertung der Tradition. Damals schärfte sich das Bewusstsein für Veränderung. Das beste Beispiel dafür ist die Sprache. Das Aufkommen neuer deutscher Wörter wie *Entwicklung* wurde bereits erwähnt. Im Englischen war einer der neuen Begriffe *evolution*, den schon der interdisziplinär arbeitende Wissenschaftler Erasmus Darwin verwendet hatte, lange bevor ihn sein Enkel Charles berühmt machte. Weiterhin zählt hierzu das Wort *stages* (dt. Stufen, Phasen), das in Theorien des späten 18. Jahrhunderts zum Tragen kam. Es bezieht sich auf die Entwicklung der Menschen von Jägern und Sammlern über Viehhalter und Ackerbauern bis schließlich zur Handel treibenden Gesellschaft. Auch der Begriff *improvement* (dt. Verbesserung, Fortschritt, Veredelung, Aufschwung, Neuerung) kam hier hinzu, der sich ursprünglich auf die Landwirtschaft bezog, aber immer häufiger und in umfassenderem Sinn in jener Epoche Verwendung fand, die der Historiker Asa Briggs als das *Zeitalter der Neuerung* (age of improvement) bezeichnete. Das wichtigste Schlüsselwort aber war *development*

Especially important was the discovery of the past as a foreign country.[34] This discovery of otherness focused on the culture of the Middle Ages, which had long been neglected or despised, but was now revalued. Gothic architecture was rediscovered, studied and even revived.[35] Important works of medieval literature were published for the first time. The year 1807, for instance, marks the publication of the *Nibelungenlied*, following that of the Spanish epic *El Cid* (1779) and the Russian *Lay of Igor's Campaign* (1800), but preceding the publication of the Anglo-Saxon poem *Beowulf* (1815).

What we call 'historicism' included the idea of the development or progress of art. In his *Geschichte der Kunst des Altertums* (1764) Johann Joachim Winckelmann replaced the traditional notion of a virtually static 'classicism' with a dynamic vision of Greek art, presented as continually evolving from the Archaic to the Hellenistic styles. It was not long before the history of medieval and post-medieval art was rewritten along these lines.

This dynamic vision led to the reorganization of art by periods or 'schools' in museums as well as in histories, bringing us back to the idea of museums and galleries as knowledge organizations. For example, the opening of the Louvre in 1793 was followed by four more museums in Paris and 22 in the French provinces by 1805. A museum became a 'cultural necessity' for every European capital.[36] The way in which exhibits were arranged and displayed sent a powerful message to the public, and this message was increasingly a historicist one.

(dt. Entwicklung, Entfaltung), wie das berühmte Gedicht *Seasons* (dt. *Die Jahreszeiten*) von James Thomson aus dem Jahr 1744 zeigt, und in dem er von *development of civilization* spricht. Der Begriff änderte schrittweise seine Bedeutung von seinem wörtlichen Sinngehalt der »Entfaltung« des bereits Vorhandenen hin zum Sichtbarwerden von etwas Neuem.[33]

Besonders wichtig war auch die Entdeckung der Vergangenheit als ein fremdes Land.[34] Diese Entdeckung des Andersartigen konzentrierte sich auf die Kultur des Mittelalters, die lange vernachlässigt oder abgelehnt worden war und nun eine Aufwertung erfuhr. Die gotische Architektur wurde wiederentdeckt, studiert und sogar zu neuem Leben erweckt.[35] Wichtige Schriften der mittelalterlichen Literatur wurden zum ersten Mal veröffentlicht. Das Jahr 1807 zum Beispiel steht für die Publizierung des *Nibelungenliedes*, der die Herausgabe des spanischen Epos *El Cid* im Jahr 1779 und des russischen *Igorlieds* im Jahr 1800 vorausgingen. Im Jahr 1815 folgte die Veröffentlichung des angelsächsischen Gedichtes *Beowulf*.

Was wir als »Historismus« bezeichnen, umfasste auch die Idee der Entwicklung beziehungsweise des Fortschritts in der Kunst. Johann Joachim Winckelmann ersetzte in seiner *Geschichte der Kunst des Altertums* von 1764 die traditionelle Auffassung von einem nahezu statischen »Klassizismus« durch eine dynamische Sicht auf die griechische Kunst, indem er sie als eine beständige Entwicklung vom archaischen zum hellenistischen Stil darstellte. Es dauerte nicht mehr lange, bis die Geschichte der mittelalterlichen und nachmittelalterlichen Kunst in diesem Sinne umgeschrieben wurde.

Diese dynamische Sicht führte bei den Museen wie auch bei der Geschichtsschreibung zur Neuordnung der Kunst in Epochen beziehungsweise »Schulen« und führt uns zurück zu der Vorstellung von Museen und Galerien als Wissensein-

In the 1780s, for instance, the imperial art collection at Vienna was reorganized by schools of art arranged in chronological order. The Elector Palatine's gallery at Düsseldorf also adopted a system of organizing that would 'demonstrate historical evolution within national schools', inspired by historicism and nationalism.[37] After the Revolution, the Louvre followed suit with its Grand Gallery, and Le Noir also adopted a chronological system in his new museum in the 1790s. The point was to clarify the meaning of individual artefacts by placing them in a sequence.[38]

The same principle underlay new histories of art, such as Giovanni Domenico Fiorillo's *Geschichte der zeichnenden Künste* (1798–1808), which formed part of the collective history of the arts and sciences organized by Eichhorn at Göttingen, a major contribution to the new genre of cultural history. Fiorillo's book was organized by schools of art: Roman, Tuscan, Venetian, French, English and so on. Schelling, too, learned from Winckelmann and the Schlegels to see art as part of a process of development.

richtungen. Der Eröffnung des Louvre 1793 folgten zum Beispiel vier weitere Museen in Paris und bis zum Jahr 1805 22 weitere in ganz Frankreich. Das Museum wurde zur »kulturellen Notwendigkeit« jeder europäischen Hauptstadt.[36] Die Art und Weise, in der die Ausstellungsstücke angeordnet und zur Schau gestellt wurden, übermittelte dem Publikum eine eindrucksvolle Botschaft, die zunehmend historisierende Züge annahm.

In den 80er Jahren des 18. Jahrhunderts beispielsweise wurde die kaiserliche Kunstsammlung in Wien anhand der Kunstschulen in chronologischer Reihenfolge neu geordnet. Angeregt durch Historismus und Nationalismus führte die Kurfürstliche Kunstgalerie in Düsseldorf ein Ordnungssystem ein, das die historische Entwicklung innerhalb der nationalen Schulen aufzeigen sollte.[37] Der Louvre passte sich nach der Revolution mit seiner *Grande Galerie* an und auch Le Noir übernahm in seinem neuen Museum in den 90er Jahren des 18. Jahrhunderts eine chronologische Anordnung. Ziel war es, die Bedeutung des einzelnen Kunstwerks durch die Einordnung in eine bestimmte Abfolge herauszustellen.[38]

Dasselbe Prinzip lag den neuen kunstgeschichtlichen Abhandlungen zugrunde, wie man an Giovanni Domenico Fiorillos *Geschichte der zeichnenden Künste* (1798–1808) sehen kann. Das Werk reihte sich als Teil in die von Eichhorn in Göttingen zusammengetragene Sammlung der Kunst- und Wissenschaftsgeschichte ein und leistete einen wichtigen Beitrag zum neu entstandenen Gebiet der Kulturgeschichte. Fiorillos Buch war nach Kunstschulen gegliedert: römisch, toskanisch, venezianisch, französisch, englisch usw. Auch Schelling lernte von Winckelmann und den Schlegels, die Kunst als einen Teil eines Entwicklungsprozesses zu begreifen.

The Discovery of Art

We might also speak of the 'discovery of art' at this time, as opposed to a concern with images, to follow Hans Belting's well-known distinction between two ages.[39] We might even speak, as Larry Shiner does, of the 'invention of art' in the sense that art came to be regarded as an autonomous domain.[40] The later eighteenth century was the time of the rise of art criticism (Diderot's *Salons*, for example), the rise of the art market and also the rise of aesthetics, from Alexander Baumgarten (1735), to J. G. Sulzer (1771) and Immanuel Kant (1790), not forgetting Edmund Burke (1770), this time not so much the critic of the French Revolution as the theorist of the sublime and the beautiful.[41]

At this point, we may at last return to the problem of why a philosopher such as Schelling should have been interested in the foundation of an art school. The point to emphasize is that art was coming to be regarded as a form of knowledge, part of the new regime. Like literary history and cultural history, art history was taking its place on the new map of knowledges. As for Schelling, he described art as an 'Organon' – a reference to Aristotle's works on logic – while the constitution of the Akademie der Bildenden Künste referred to art as *wissenschaftlich*. This constitution required art students to visit *Kunstsammlungen* as part of their education. Art schools were also expected to spread good taste among craftsmen. In short, the 'Bildende Künste' were viewed as a means to *Bildung*. As the constitution declared, the fine arts were a 'mächtige Bildungsmittel' for 'unser gesammtes Volk', thanks to their effect on morals (*Sitten*).[42]

Die Entdeckung der Kunst
Will man sich an Hans Beltings wohlbekannter Unterscheidung zwischen zwei Zeitaltern anlehnen, könnte man auch von der »Entdeckung der Kunst« in dieser Zeit sprechen, die der bisherigen Bildauffassung zuwiderlief.[39] Man könnte sogar so weit gehen und von der, wie Larry Shiner es nennt, »Erfindung der Kunst« in dem Sinne sprechen, als dass sie zu einem autonomen Bereich aufstieg.[40] Das späte 18. Jahrhundert war die Zeit, in der die Kunstkritik (Diderots *Salons* zum Beispiel) und der Kunstmarkt aufkamen und die Ästhetik an Bedeutung gewann, wie die Schriften von Alexander Baumgarten (1735), J. G. Sulzer (1771) und auch Immanuel Kant (1790) zeigen. Nicht zu vergessen ist Edmund Burke (1770), der hier nicht so sehr als Kritiker der Französischen Revolution denn als Theoretiker über das Erhabene und Schöne zu nennen ist.[41]

An diesem Punkt können wir schließlich zu der Fragestellung zurückkehren, warum ein Philosoph wie Schelling an der Gründung einer Kunsthochschule interessiert gewesen sein könnte. Es muss an dieser Stelle hervorgehoben werden, dass die Kunst inzwischen als eine Form des Wissens betrachtet wurde und somit einen Teil im neuen Herrschaftssystem des Wissens darstellte. Wie die Literatur- und Kulturgeschichte nahm nun auch die Kunstgeschichte ihren Platz auf der Karte der Wissensarten ein. Was Schelling betrifft, so bezeichnete er die Kunst – unter Bezugnahme auf Aristoteles' Werke zur Logik – als ein »Organon«, während die Gründungsurkunde der Akademie sie als »wissenschaftlich« beschrieb. Diese Gründungsurkunde verpflichtete die Kunststudenten zum Besuch von Kunstsammlungen als Teil ihrer Ausbildung. Außerdem erwartete man von den Kunsthochschulen, dass sie unter den (Kunst-)Handwerkern für die Verbreitung des »guten Geschmacks« sorgen sollten. Kurz gesagt, die »bildenden Künste« wurden als ein Weg zur Bil-

In some ways, the new academy followed the model of earlier academies of art, such as the Accademia dell'Arte del Disegno in Florence and especially, perhaps, the Académie Royale de Peinture of Louis XIV's France, which had already developed a system of competitions in which participants won prizes and scholarships to Italy. We must not underestimate the strength of tradition, even in a *Sattelzeit* such as the years around 1800. Schelling was a great admirer of old masters such as Michelangelo, Titian, Raphael, Correggio and Guido Reni (Reni may be more or less forgotten now, but he was still much appreciated in the early nineteenth century). His art theory drew on Renaissance ideas: the idea of improving on nature, for instance, and the idea of painting as silent poetry, 'eine stumme Dichtkunst'.[43] Indeed, a case may be made for arguing, contrary to Shiner, that the discovery or invention of art goes back to 1500 rather than to the late eighteenth century or to 1800.

All the same, it is clear that what we might call the 'art system' was under reconstruction. Academies of art proliferated from the late eighteenth century onwards, replacing the workshops of artists as the main training-ground for students. In 1740, there were only ten such academies of art in the whole of Europe. In 1790, by contrast, there were over a hundred.[44] Ironically enough, the rise of academies coincides with the rise of the idea that geniuses such as Michelangelo or Shakespeare do not need training and do not follow rules! The idea of genius was linked to the idea of inspiration and 'unconscious power', 'bewusstlose Kraft', as Schelling calls it. He even spoke of 'bewusstlose Wissenschaft', reinforcing the idea of art as a special kind of knowledge.[45] This term *bewusstlos* reminds us of Freud's famous remark that it was the

dung betrachtet. Wie in der Gründungsurkunde deklariert wurde, stellten die bildenden Künste dank ihrer Auswirkung auf die Moral (*Sitten*) ein »mächtiges Bildungsmittel« für »unser gesamtes Volk« dar.[42]

In mancher Hinsicht folgte diese neue Akademie den Vorbildern älterer Kunstakademien, wie der *Accademia dell'Arte del Disegno* in Florenz und noch mehr vielleicht der *Académie Royale de Peinture* im Frankreich Ludwigs des XIV., die bereits ein Wettbewerbssystem entwickelt hatte, in dem Studierende Preise und Italien-Stipendien gewinnen konnten. Sogar in einer *Sattelzeit*, wie es die Jahre um 1800 waren, darf man die einflussreiche Kraft der Tradition nicht unterschätzen. Schelling war ein großer Bewunderer alter Meister wie Michelangelo, Tizian, Raffael, Correggio und Guido Reni (Reni mag jetzt mehr oder weniger vergessen sein, aber er wurde im frühen 19. Jahrhundert sehr geschätzt). Seine Kunsttheorie fußte auf Ideen der Renaissance, wie zum Beispiel der Überhöhung der Natur und der Vorstellung von Malerei als einer »stummen Dichtkunst«.[43] In der Tat könnte man entgegengesetzt zu Shiner mit Recht den Standpunkt vertreten, dass die Entdeckung beziehungsweise Erfindung der Kunst eher auf das Jahr 1500 als auf das späte 18. Jahrhundert oder das Jahr 1800 zurückgeht.

Wie dem auch sei, klar ist, dass das, was man als »Kunstsystem« bezeichnen könnte, im Umbau begriffen war. Ab dem späten 18. Jahrhundert schossen die Akademien aus dem Boden und ersetzten damit die Werkstätten der Künstler als hauptsächlichen Ausbildungsort für Studenten. Im Jahr 1740 gab es nur zehn (derartige) Akademien in ganz Europa. Im Gegensatz dazu existierten bereits über hundert im Jahr 1790.[44] Ironischerweise fällt der Aufstieg der Akademien mit dem Aufkommen der Idee zusammen, dass Genies wie Michelangelo oder Shakespeare keiner Ausbildung bedürften und auch keinen Regeln zu folgen hätten! Die Vorstellung

poets and philosophers who had discovered the unconscious; all that he discovered was the method of studying it. Herder took dreams seriously, Goethe valued the unconscious, while Schelling wrote about the interplay of conscious and unconscious mind.[46]

Conclusion

Speaking about the construction of a new regime of knowledge in the late eighteenth and early nineteenth centuries naturally provokes the question: How long did the new regime last?

In my view, it lasted about a hundred years. There is no space to argue this point in detail, so it may be useful to focus on one domain alone, that of art. In the early twentieth century, there were a number of attempts by artists (most famously by Marcel Duchamp) to undermine the idea of the 'work of art' and the increasing separation between art and everyday life summed up in the famous nineteenth-century phrase 'art for art's sake', *l'art pour l'art.*

The critique of both the art market and the art museum implied by Duchamp's famous *objet trouvé* is obvious enough. Both the market and the museum separate art from everyday life by treating certain objects as special and by de-contextualizing them, taking them out of the environment for which they were originally made.

vom Genie war mit der Idee von Inspiration und, wie Schelling es nannte, »bewusstloser Kraft« verbunden. Er sprach sogar von »bewusstloser Wissenschaft« und bekräftigte damit die Vorstellung von der Kunst als einer speziellen Form des Wissens.[45] Der Begriff »bewusstlos« erinnert an Freuds berühmten Ausspruch, dass eigentlich die Dichter und Philosophen das Bewusstlose entdeckt hätten und dass das, was er selbst herausgefunden habe, nur die Methode von dessen Erforschung gewesen sei. Herder nahm Träume sehr ernst, Goethe maß dem Bewusstlosen viel Bedeutung bei und Schelling schrieb über das Wechselspiel von Bewusstem und Bewusstlosem.[46]

Schlussbemerkung

Wenn man über die Erschaffung einer neuen Herrschaft des Wissens im späten 18. und frühen 19. Jahrhundert spricht, löst das natürlich die Frage aus: Wie lange hat sich dieses neue Herrschaftssystem gehalten?

Meiner Ansicht nach dauerte es etwa hundert Jahre. Da nicht genug Raum ist, diese Frage im Einzelnen zu erörtern, könnte es sinnvoll sein, den Blick auf nur ein Gebiet zu richten, nämlich auf die Kunst. Im frühen 20. Jahrhundert gab es seitens der Künstler eine Reihe von Versuchen (sehr bekannt hierfür ist Marcel Duchamp), die Vorstellung von einem »Kunstwerk« und die immer weiter auseinanderklaffende Trennung von Kunst und alltäglichem Leben zu untergraben. Der berühmte Satz des 19. Jahrhunderts *l'art pour l'art*, Kunst um der Kunst willen, fasst dies zusammen.

Die Kritik sowohl am Kunstmarkt als auch am Kunstmuseum, die Marcel Duchamps bekanntes *objet trouvé* ausdrückt, ist offensichtlich genug. Beide, der Kunstmarkt und das Museum, trennen Kunst von alltäglichem Leben ab, indem sie bestimmte Gegenstände als besonders behandeln

The age of Duchamp, which was also the age of Einstein, Freud and Max Weber, was another time of major restructuring, of a transition from one regime of knowledge to another. Our own time, the years around 2000, is yet another age of restructuring, still very much in progress. For this reason, it seemed appropriate to celebrate the bicentenary of this Academy by examining the links between its foundation and the rise of a new regime of knowledge, two hundred years ago.

und sie aus dem Zusammenhang reißen – und damit jener Umgebung entziehen, für die sie ursprünglich geschaffen wurden.

Das Zeitalter von Duchamp, zu dem auch Einstein, Freud und Max Weber gehören, stellte eine weitere Epoche umfangreicher Neuordnung dar, die aus dem Übergang von einer Form der Wissensherrschaft in eine andere bestand. Unsere eigene Zeit um das Jahr 2000 stellt sich wiederum als Zeitalter einer immer noch stark im Gange befindlichen Neuordnung dar. Aus diesem Grunde schien es angemessen, das zweihundertste Jubiläum dieser Akademie mit einer Betrachtung zu feiern, in der die Verbindungen zwischen ihrer Gründung und dem Aufkommen einer neuen Herrschaft des Wissens vor 200 Jahren aufgezeigt werden.

Notes

1 Otto Brunner, Werner Conze and Reinhart Koselleck (eds.), *Geschichtliche Grundbegriffe*, 9 vols., Stuttgart, 1972–97. On Prussia, cf. Henri Brunschwig, *La crise de l'État prussien à la fin du XVIIIe siècle et la genèse de la mentalité romantique*, Paris, 1947, especially pp. 209–14, 217–8.

2 Karl Mannheim, 'The Problem of Generations', *Essays on the Sociology of Knowledge*, London, 1952, pp. 276–320.

3 William Wordsworth, untitled poem of 1805. In later life, Wordsworth repudiated the Revolution.

4 Joep Leerssen, *National Thought in Europe: a cultural history*, Amsterdam, 2006. Friedrich Meinecke, *Weltbürgertum und Nationalstaat*, Munich, 1907. Cf. Hans E. Bödeker, 'Universal History and National History', in Timothy Blanning and Hagen Schulze (eds.), *Unity and Diversity in European Culture c. 1800*, Oxford, 2006, pp. 135–70.

5 Michel Foucault, *Les mots et les choses*, Paris, 1966; Reinhart Koselleck, *Vergangene Zukunft*, Frankfurt, 1979.

6 Karl Mannheim, *Konservatismus: Ein Beitrag zur Soziologie des Wissens*, 1927: rpr. Frankfurt, 1984.

7 Christopher Hufeland, *Makrobiotik, oder die Kunst das menschliche Leben zu verlängern*, 1794: rpr. Stuttgart, 1958. The term can also be found in Hippocrates.

8 Ahlrich Meyer, 'Mechanische und organische Metaphorik Politischer Philosophie', *Archiv für Begriffsgeschichte* 13 (1969), 128–99; 'Organ, Organismus', *Geschichtliche Grundbegriffe* (cf. note 1), vol. 4, pp. 519–622.

9 Quoted in Friedrich Meinecke, *Die Entstehung des Historismus*, Munich and Berlin, 1936, p. 407.

10 Quoted in Rudolf Vierhaus, 'Bildung', *Geschichtliche Grundbegriffe*, vol. 1, p. 508.

11 Michael C. Carhart, *The Science of Culture in Enlightenment Germany*, Cambridge, Mass., 2007.

12 William Clark, *Academic Charisma and the Origins of the Research University*, Chicago, 2006.

13 Rupert Hacker (ed.), *Beiträge zur Geschichte der Bayerischen Staatsbibliothek*, Munich, 2000.

14 Eduard Spranger, *Wilhelm von Humboldt und die Humanitätsidee*, Berlin, 1909, especially pp. 1–38, 98–112. Spranger compares what he calls 'der Neuhumanismus' with Renaissance humanism, with the implication (which I have been questioning) that the period in between was marked by a radically different ideal.

Anmerkungen

1 Otto Brunner, Werner Conze und Reinhart Koselleck (Hg.), *Geschichtliche Grundbegriffe*, 9 Bände, Stuttgart, 1972–1997. Zu Preußen vgl. Henri Brunschwig, *La crise de l'État prussien à la fin du XVIIIe siècle et la genèse de la mentalité romantique*, Paris, 1947, besonders S. 209–214, 217–218.

2 Karl Mannheim, ›The Problem of Generations‹, *Essays on the Sociology of Knowledge*, London, 1952, S. 276–320.

3 William Wordsworth, Gedicht ohne Titel von 1805. In seinem späteren Leben lehnte Wordsworth die Revolution ab. Deutsche Übersetzung der Gedichtzeilen von Helga Buhrke.

4 Joep Leerssen, *National Thought in Europe: a cultural history*, Amsterdam, 2006. Friedrich Meinecke, *Weltbürgertum und Nationalstaat*, München, 1907. Vgl. Hans E. Bödeker, ›Universal History and National History‹, in Timothy Blanning und Hagen Schulze (Hg.), *Unity and Diversity in European Culture c. 1800*, Oxford, 2006, S. 135–170.

5 Michel Foucault, *Les mots et les choses*, Paris, 1966; Reinhart Koselleck, *Vergangene Zukunft*, Frankfurt, 1979.

6 Karl Mannheim, *Konservatismus: Ein Beitrag zur Soziologie des Wissens*, 1927: Neuaufl. Frankfurt a. M., 1984.

7 Christopher Hufeland, *Makrobiotik, oder die Kunst das menschliche Leben zu verlängern*, 1794: Neuaufl. Stuttgart, 1958. Der Begriff wird auch bei Hippokrates genannt.

8 Ahlrich Meyer, ›Mechanische und organische Metaphorik Politischer Philosophie‹, *Archiv für Begriffsgeschichte* 13 (1969), S. 128–199; ›Organ, Organismus‹, *Geschichtliche Grundbegriffe* (vgl. Anm. 1), Band 4, S. 519–622.

9 Zitat aus Friedrich Meinecke, *Die Entstehung des Historismus*, München und Berlin, 1936, S. 407.

10 Zitat aus Rudolf Vierhaus, ›Bildung‹, *Geschichtliche Grundbegriffe*, Band 1, S. 508.

11 Michael C. Carhart, *The Science of Culture in Enlightenment Germany*, Cambridge, Mass., 2007.

12 William Clark, *Academic Charisma and the Origins of the Research University*, Chicago, 2006.

13 Rupert Hacker (Hg.), *Beiträge zur Geschichte der Bayerischen Staatsbibliothek*, München, 2000.

14 Eduard Spranger, *Wilhelm von Humboldt und die Humanitätsidee*, Berlin, 1909, besonders S. 1–38, 98–112. Spranger vergleicht das, was er als »Neuhumanismus« bezeichnet, mit dem Humanismus der Renaissance, wobei er die von mir infrage gestellte These anführt, dass die Zwischenzeit von einem fundamental unterschiedlichen Ideal geprägt gewesen sei.

15 Andrew Robinson, *The Last Man Who Knew Everything: Thomas Young, the Anonymous Polymath Who Proved Newton Wrong, Explained How We See, Cured the Sick, and Deciphered the Rosetta Stone, Among Other Feats of Genius*, London, 2006; Paula Findlen (ed.), *Athanasius Kircher: the last man who knew everything*, London, 2004. Cf. Leonard Warren, *Joseph Leidy: the last man who knew everything*, New Haven, Conn., 1998.
16 Peter Burke, *A Social History of Knowledge*, Cambridge, 2000.
17 Charles P. Snow, *The Two Cultures and the Scientific Revolution*, Cambridge, 1959.
18 On the influence of Schelling on Ast, see Giuseppe D'Alessandro, *L'illuminismo dimenticato: Johann Gottfried Eichhorn e il suo tempo*, Naples, 2000, p. 73.
19 Erwin Panofsky, 'Iconography and Iconology', in idem *Meaning in the Visual Arts*, New York, 1957, pp. 26–54, a reworking of a lecture delivered in 1932, 'Zum Problem der Beschreibung und Inhaltsdeutung von Werken der Bildenden Kunst'.
20 On Heyne's idea of *sermo mythicus* and his interest in Vico, see D'Alessandro (note 20), p. 23, 50n.
21 *Schelling und die Akademie der Bildenden Künste*, Munich, 2002, p. 73.
22 Raymond Schwab, *La renaissance orientale*, Paris, 1950, p. 179.
23 Antoine Berman, *L'épreuve de l'étranger: culture et traduction dans l'Allemagne romantique*, Paris, 1984; Lawrence Venuti, *The Translator's Invisibility: a history of translation*, London, 1995.
24 Peter Burke, *Popular Culture in Early Modern Europe*, London, 1978, ch. 1.
25 Cf. note 24; Wilhelm Halbfass, *Indien und Europa: Perspektiven ihrer geistigen Begegnung*, Basle, 1981.
26 Peter J. Marshall, *The British Discovery of Hinduism*, London, 1970.
27 Bradley L. Herling, *The German Gita: hermeneutics and discipline in the German reception of Indian thought, 1778–1831*, London, 2006. Edward Said's *Orientalism*, London, 1978, has been criticized for saying little about the Germans: Pedro A. Piedras Montoy, 'Edward Said and German Orientalism', *Storia della Storiografia* 44 (2003), 96–103.
28 Ernst Schulin, *Die weltgeschichtliche Erfassung des Orients bei Hegel und Ranke*, Göttingen, 1958, p. 283.
29 Roberta Bivins, 'Expectations and Expertise: early British responses to Chinese medicine', *History of Science* 37 (1999), 459–89.

15 Andrew Robinson, *The Last Man Who Knew Everything: Thomas Young, the Anonymous Polymath Who Proved Newton Wrong, Explained How We See, Cured the Sick, and Deciphered the Rosetta Stone, Among Other Feats of Genius*, London, 2006; Paula Findlen (Hg.), *Athanasius Kircher: the last man who knew everything*, London, 2004. Vgl. Leonard Warren, *Joseph Leidy: the last man who knew everything*, New Haven, Conn., 1998.

16 Peter Burke, *A Social History of Knowledge*, Cambridge, 2000. Dt. Übersetzung: Peter Burke, *Papier und Marktgeschrei: Die Geburt der Wissensgesellschaft*, Berlin, 2001.

17 Charles P. Snow, *The Two Cultures and the Scientific Revolution*, Cambridge, 1959.

18 Über den Einfluss von Schelling auf Ast siehe Giuseppe D'Alessandro, *L'illuminismo dimenticato: Johann Gottfried Eichhorn e il suo tempo*, Neapel, 2000, S. 73.

19 Erwin Panofsky, ›Iconography and Iconology‹, ders. *Meaning in the Visual Arts*, New York, 1957, S. 26–54, Überarbeitung einer Vorlesung von 1932 mit dem Titel ›Zum Problem der Beschreibung und Inhaltsdeutung von Werken der Bildenden Kunst‹.

20 Über Heynes Gedanken zu *sermo mythicus* und seinem Interesse an Vico, siehe D'Alessandro (vgl. Anm. 18), S. 23, 50f.

21 *Schelling und die Akademie der Bildenden Künste*, München, 2002, S. 73.

22 Raymond Schwab, *La renaissance orientale*, Paris, 1950, S. 179.

23 Antoine Berman, *L'épreuve de l'étranger: culture et traduction dans l'Allemagne romantique*, Paris, 1984; Lawrence Venuti, *The Translator's Invisibility: a history of translation*, London, 1995.

24 Peter Burke, *Popular Culture in Early Modern Europe*, London, 1978, Kap. 1. Dt. Übersetzung: Peter Burke, *Helden Schurken und Narren. Europäische Volkskultur in der frühen Neuzeit*, München, 1985.

25 Vgl. Anm. 24; Wilhelm Halbfass, *Indien und Europa: Perspektiven ihrer geistigen Begegnung*, Basel, 1981.

26 Peter J. Marshall, *The British Discovery of Hinduism*, London, 1970.

27 Bradley L. Herling, *The German Gita: hermeneutics and discipline in the German reception of Indian thought, 1778–1831*, London, 2006. Das Buch *Orientalism* (London, 1978) von Edward Said wurde dafür kritisiert, dass es die Deutschen zu wenig berücksichtige: Pedro A. Piedras Montoy, ›Edward Said and German Orientalism‹, *Storia della Storiografia* 44 (2003), S. 96–103.

28 Ernst Schulin, *Die weltgeschichtliche Erfassung des Orients bei Hegel und Ranke*, Göttingen, 1958, S. 283.

29 Roberta Bivins, ›Expectations and Expertise: early British responses to Chinese medicine‹, *History of Science 37* (1999), S. 459–89.

30 Friedrich Meinecke, *Die Entstehung der Historismus*, 2 vols., Munich, 1936, p. 5. Cf. Peter H. Reill, *The German Enlightenment and the Rise of Historicism*, Berkeley, Calif., 1975; Georg G. Iggers, 'Historicism', *Journal of the History of Ideas* 56 (1995), 129–52; on Germany, Ernst Wolfgang Becker, *Zeit der Revolution! – Revolution der Zeit?: Zeiterfahrungen in Deutschland in der Ära der Revolutionen 1789–1848/49*, Göttingen, 1999.

31 This passage was written by Chateaubriand in 1797. Quoted in François Hartog, *Régimes d'historicité*, Paris, 2003, p. 92.

32 Francis Haskell, *History and its Images: art and the interpretation of the past*, New Haven, Conn., 1993.

33 Cf. Meinecke (note 32), p. 5.

34 The phrase 'the past as a foreign country' recurs in discussions of the aims and methods of history in the English-speaking world. It derives from the novelist L. P. Hartley (who opened his novel *The Go-Between* with it) and was taken up by scholars, such as David Lowenthal in *The Past is a Foreign Country* (Cambridge, 1985).

35 W. D. Robson-Scott, *The Literary Background of the Gothic Revival in Germany*, Oxford, 1965.

36 Jonah Siegel, *Desire and Excess: the nineteenth-century culture of art*, Princeton, NJ, 2000, p. 37.

37 Andrew McClellan, *Inventing the Louvre: art, politics and the origins of the modern museum in 18th-century Paris*, Cambridge, 1994, pp. 3–4.

38 Ibid., pp. 79–80, 107, 164–5.

39 Hans Belting, *Bild und Kult: eine Geschichte des Bildes vor dem Zeitalter der Kunst*, Munich, 1990.

40 Larry Shiner, *The Invention of Art: a cultural history*, Chicago, 2001.

41 Ernst Cassirer, *Die Philosophie der Aufklärung*, Tübingen, 1932.

42 Cf. note 21, pp. 69, 77.

43 *Rede*, in ibid., p. 30.

44 Nicholas Pevsner, *Academies of Art, Past and Present*, Cambridge, 1940.

45 *Rede*, in *Schelling* (note 21), p. 38.

46 Lancelot L. Whyte, *The Unconscious before Freud*, London, 1962.

30 Friedrich Meinecke, *Die Entstehung des Historismus*, 2 Bände, München, 1936, S. 5. Vgl. Peter H. Reill, *The German Enlightenment and the Rise of Historicism*, Berkeley, Calif., 1975; Georg G. Iggers, ›Historicism‹, *Journal of the History of Ideas* 56 (1995), S. 129–152; über Deutschland: Ernst Wolfgang Becker, *Zeit der Revolution! – Revolution der Zeit?: Zeiterfahrungen in Deutschland in der Ära der Revolutionen 1789–1848/49*, Göttingen, 1999.

31 Diese Passage wurde von Chateaubriand im Jahr 1797 geschrieben. Zitiert aus François Hartog, *Régimes d'historicité*, Paris, 2003, S. 92.

32 Francis Haskell, *History and its Images: art and the interpretation of the past*, New Haven, Conn., 1993.

33 Zitat aus Meinecke, *Die Entstehung des Historismus* (vgl. Anm. 32), S. 5.

34 Die Formulierung ›the past as a foreign country‹ (die Vergangenheit als ein fremdes Land) fällt wiederholt in Diskussionen über die Ziele und Methoden der Geschichtsforschung in der englischsprachigen Welt. Der Satz stammt ursprünglich von dem Schriftsteller L. P. Hartley (dessen Roman *The Go-Between*, dt. *Ein Sommer in Brandom Hall*, so beginnt) und er wurde von Wissenschaftlern wie David Lowenthal (*The Past is a Foreign Country*, Cambridge, 1985) aufgenommen.

35 W. D. Robson-Scott, *The Literary Background of the Gothic Revival in Germany*, Oxford, 1965.

36 Jonah Siegel, *Desire and Excess: the nineteenth-century culture of art*, Princeton, NJ, 2000, S. 37.

37 Andrew McClellan, *Inventing the Louvre: art, politics and the origins of the modern museum in 18th-century Paris*, Cambridge, 1994, S. 3–4.

38 Ebd. S. 79–80, 107, 164–165.

39 Hans Belting, *Bild und Kult: eine Geschichte des Bildes vor dem Zeitalter der Kunst*, München, 1990.

40 Larry Shiner, *The Invention of Art: a cultural history*, Chicago, 2001.

41 Ernst Cassirer, *Die Philosophie der Aufklärung*, Tübingen, 1932.

42 Vgl. Anm. 21, S. 69, 77.

43 *Rede*, ebd., S. 30.

44 Nicholas Pevsner, *Academies of Art, Past and Present*, Cambridge, 1940.

45 *Rede* (vgl. Anm. 21), S. 38.

46 Lancelot L. Whyte, *The Unconscious before Freud*, London, 1962.